ひき裂かれたヤマト魂

怒りと哀しみの日系442部隊

すずき じゅんいち

言視舎

米国に移住した日本人たち（総称して日系アメリカ人）が米国と日本の関係の影の主役であるという、あまり知られていない事実を書いていこうと思う。それはある面ではアメリカの闇を照射し、同時に日本の「それ」を考えさせてくれると思うのだ。

まえがき

現在ロシアが侵攻したウクライナでは、両国の多くの方が連日亡くなり、傷ついている。戦争という、人類の歴史とともにある悲劇がまさにインターネットを通じて、世界の人たちの目の前で繰り広げられている。

そんな頃、第二次大戦時、日系人部隊として有名な442連隊の元兵士だったテリー・シマさんから突如メールが入ってきた。メールの内容は、僕の作った442連隊の映画『442日系部隊』の上映の許可についての質問だったが、10数年ぶりにコンタクトできた彼が、すでに99歳だと書かれていたことには驚いた。しかし、約80年前、第二次世界大戦に兵士として出征しているのだからその歳になっているのは当然なのだ。

10年以上前に日系アメリカ人映画の取材撮影でお世話になった日系人の彼らは、ほとんどこの世にはいない。でも、テリーさんは99歳でメールをして来るパワーを持っている！

ちなみに彼は、今までの功績、主に日系兵士たちの業績を後世に伝える活動をしてきたことを評価されて、平成25年（2013）に旭日小綬章を授与された。

僕はアメリカ西海岸に11年間住んで、彼ら日系アメリカ人の栄光と苦悩の人生を知る中で、3本の映画を作ってきた。彼のメールがきっかけというわけではなく、さまざまな理由があるが、その頃、日系アメリカ人と第二次世界大戦の関わりを書かねばならないと思い書き始めていた。以下がそれだ。

取材時のテリー・シマさん（以下の人物写真は取材時のもの）

ひき裂かれたヤマト魂——怒りと哀しみの日系442部隊　目次

前章

日系人を襲う残酷な現実

戦争は、人々の祖国と、彼らが移住した国とが戦った場合に最大の悲劇を生む。それがまさに第二次世界大戦で起こったのだ。

彼ら日系二世たちは、日本出身の親が移住したアメリカで生まれ、アメリカ人として育ったから当然アメリカのために戦うのだ。しかし、日本からアメリカへ移民した親は、アメリカ国籍を取れないという差別的な法律が当時はあったので、何十年間アメリカに住んでいても日本人だった。アジア移民全体がそうだった。当時のアメリカは人種差別を無意識でしていたといっていいだろう。

つまり親と子の互いが、敵国の人となるということが起こったのだ。

彼ら日本からの移民一世にとっては、国籍の取れないアメリカのために日本と戦うという選択肢はなく、「自分の国籍、日本のためにアメリカと戦う」という思いが募ったはずだ。アメリカに住んでいる彼ら一世が、直接的にアメリカと戦うわけにはいかないが、心は祖国・日本を思っていたはずである。

一方、アメリカ国籍を持っていた米国本土に住む二世たちは、真珠湾攻撃後、国籍さえも不定にされ、刑務所同然の日系人強制収容所へ入れられた。しかし、その後事情が落ち着くと、多くの二世たちはその収容所からアメリカのために出征した。

もちろん、彼らの心のうちは、アメリカのために命をかけて戦うということに素直になれない部分もあったはずだが、二世部隊・442連隊の多くの兵士たちは、欧州戦線で日本側の枢軸国、ドイツ・イタリアと本当に命をかけて戦った。

442連隊の死傷率は他の米兵部隊と比べ圧倒的に高かった。死傷率314%といわれる彼らは、ある人は戦死し、ある人は何度も傷つきながらも戦場に出て戦い続けたということだ。

MIS

日系人も部隊によっては、日本と戦うためにアジア太平洋戦線へ向かった。

彼らは、MIS(Military Intelligence Service)=日系陸軍情報部と呼ばれた特殊秘密情報部隊だった。

一時は敵性外国人とされ、刑務所同然の強制収容所に入れられながら、その自分を裏切ったアメリカのため、親の祖国・日本との戦いのために出征したという心のモヤモヤ、矛盾を、日系二世は抱えていた。

彼らはこの矛盾に目をつむり、命をかけて、今後のアメリカにおける自分達の日系社会のために戦ったという事実がある。

この矛盾を見逃すことなく、自分たちを強制収容したアメリカ政府を戦後も追及し続けた少数の人たちも日系アメリカ人の中にはいた。この件は後述する。

100大隊・442連隊

自分達を強制収容した母国・アメリカのために、自分達の命をかけて戦った部隊こそ、第二次世界大戦のヨーロッパ戦線で大活躍をし、それ故に短期間に史上最多の勲章を受け、同時に最大の死傷率となった100大隊・442連隊である。

死に物狂いの戦いとは、まさに彼らのモットーとなった「ゴー・フォー・ブローク」つまり、「当たって砕けろ!」という、極めて日本的な、特攻隊的な発想だった。そして彼ら二世部隊の英語でのインタビューで、ほとんどの人が思わず口にした言葉が日本語の「大和魂」だった。

つまりある種の合理的なアメリカ型の発想ではなくて、極めて日本的な発想「大和魂」で、「当たって砕けた!」わけだ。現代の日本では消えている「大和魂」という言葉が、取材させていただいた当時ほとんどすべての80代、90代の日系アメリカ人から語られたのは、とても驚きであり、日本では聞けなくなった言葉だけに妙に新鮮だった。

ちなみに「100大隊・442連隊」と、書いた。

100大隊は442連隊に属する一つの大隊に過ぎないのだが、日系人の間では今もって、このように表記されることが多い。つまり、１００大隊は日系人、特にハワイの日系人にとっては特別な部隊なのだ。彼らは、元々戦争前から米軍に所属していたハワイの日系兵たちが、真珠湾攻撃の後に日本軍と連携されるとまずいと米軍首脳に思われて銃を取り上げられ、兵士とはいえない待遇に落とされていた。米軍本部はそのままにしているわけにもいかず、処置に困った結果、彼ら日系人だけの大隊を作り１００大隊と半ば意味不明の部隊名を付けた。そして、密かに米国本土に送り込み、訓練の末に欧州の戦地に出した。

彼らが欧州の戦地で上げた戦績は凄まじく立派なもので、その後できた４４２連隊の兵士たちの先生的な存在として尊敬されて、日系人の間では、４４２連隊というだけでなく、その頭に１００大隊を付けて「１００大隊・４４２連隊」と呼ばれている。

この４４２連隊の事実は、数多くの日系人・日本人の手により本にもなっているし、ハリウッドメジャー作品も含め沢山の映画が作られている。

中には１９５１年のアカデミー賞脚本賞にノミネートされた彼らを扱った『二世部隊』というハリウッド映画もある。ちなみにこの『二世部隊』という映画では、実際に４４２部隊に入っていたハワイ出身の二世の人たちが俳優として４４２部隊の兵士を演じている。

４４２連隊の映画は短編・中編含め１００本を越す作品が作られているのではないかと思う。自分もこの部隊の映画を作ろうと思い、なるべく参考のためにほとんどを見ようとしたが、本当に沢山あって驚いた。

この部隊について、２０１０年に『４４２ 日系部隊　アメリカ史上最強の陸軍』と題してドキュメンタリー映画を一本作った。そして日米の主要都市の劇場で公開し、新宿の映画館・K's シネマでは開館以来の10年以上を超す期間、最大の大ヒットとなり、全国の都市に広がっていった。特別な宣伝もなく、多くの劇映画を超えてドキュメンタリー映画が大ヒットになったのは、大いに驚いた。


一方、先に軽く触れたが、日本と直接戦った部隊もあった。それは秘密情報部隊であり、戦後のそれなりの期間は情報部隊なので米国内でも秘密にされていたＭＩＳと呼ばれる（Ｍ）ミリタリー・（Ｉ）インテリジェンス・（Ｓ）サービス、日系陸軍情報部の人たちである。

彼らは直接武器を持って戦うのではなく、情報戦で戦った。つまり、日本語が理解できる彼ら日系人は、アメリカ陸軍の情報部員として、日本軍の無線通信などを傍受し、あるいは日本軍捕虜の尋問など、対日本との戦いで、武器ではなく情報戦で活躍している。

たとえば山本五十六連合艦隊司令長官がニューギニア方面に飛行機で行くという情報をキャッチして軍本部に伝え、その結果、山本五十六は米軍の飛行機に待ち伏せされ、飛行機は撃墜され彼は死亡した。司令長官を殺せたということは、戦艦を何艘も撃沈したのと等しいという。これもＭＩＳの人たちの活躍の好例だ。

これらのＭＩＳの功績によって、「米軍が日本を敗戦に追い込んだのは、2年早まった」と、公式にいわれている。

この部隊についての映画『二つの祖国で　日系陸軍情報部』を、『442 日系部隊』の2年後に作り、この手の地味なドキュメンタリー映画としては異例の、都内で新宿・銀座・東銀座3館の劇場をはじめ、全国で拡大公開している。そして嬉しいことには、日本映画批評家協会のドキュメンタリー監督賞や山路ふみ子文化賞などを受賞した。


日系アメリカ人といわれても、多くの日本人は「……?」となるか、まったく興味さえ示さない方がほとんどなのを体験している。これら2本の映画に先立ち2008年に公開された『東洋宮武が覗いた時代』という、僕にとって日系アメリカ人についての最初の映画を撮影した時（2007年）、アメリカだけでなく日本国内でも撮影し、特に渋谷駅周辺で多くの日本人に「第二次大戦の頃に、日本人や日系人がアメリカで強制収容されたということを知っていますか?」という質問をしたが、ほとんどの人が、まったく知らずにいたし、強制収容という言葉に「ユダヤの?」と答える人も何人かいた程度で、日系人についての認識はないに等しいと痛感させられた。

しかし、世界がどんどん近づき、国際化が待ったなしの現代において、彼らのことを知るのは、多くの日本人にとって、アメリカを、また世界を理解する第一歩になると強く思っている。

彼らはあまりに知られていない

第二次世界大戦の頃の日系アメリカ人について書こうと思ったのは、あまりに彼らのことを知らない日本人にとって、彼らのことを知ることはメリットが大きいと自分の体験からも確信しているからだ。

世界でもっとも強く豊かな国であると言ってもいいアメリカを理解するためにも、その手がかりとしての日本とアメリカの架け橋のような日系アメリカ人を知るのは、大変な近道でもあると思うのだ。

前にも述べたが、日本にルーツを持つ日系アメリカ人は、太平洋戦争（第二次世界大戦）で日本とアメリカが戦い、極めて厳しい局面に立たされた。つまり親たちは、アメリカの国籍は永遠に取れず、ずっと日本人のままであり、多くの日本人の普通の感覚として、アメリカへは出稼ぎのつもりだったから、アメリカでお金を稼いでいずれ「日本の故郷に錦を飾りたい」と考えていた。つまり、彼らはアメリカに住む完全な出稼ぎ「日本人」だったわけだ。

一方、彼らの息子や娘たちは、アメリカで生まれれば自動的にアメリカ国民となっていた。当時の法律では親たちはアメリカ人になれず、出稼ぎ気質の一世に二世たちは育てられたから、彼らの感覚は半ば日本人的であった。もちろん、祖国はアメリカとは思っていたが、日本の親の影響もあって半ば日本も祖国という思いもあった。

親たちは当然アメリカ国籍を取れないから、彼らの母国という思いは単純に日本だったが、息子や娘たちは、そんな親に育てられたので、文字通り『日系』ではあったが、両者が戦争となれば、思いは複雑だった。

そこで戦争が起こると、大きな葛藤が彼らを襲う。米国本土に住む12万人以上の日本人、日系人が当時その混乱のまっただ中に投げ込まれたのだ。

日本につくべきか、アメリカか？

息子たちに日本派もいたが、当然多くは、生まれ育ったアメリカ派となり、日本と戦うほうを選んでいる。

これによって、日本派の親たちとアメリカ派の子どもたちとの対立が生まれた。

このエピソードは、『東洋宮武の覗いた時代』の撮影当時にはご健在であり、日系社会の中

ジョージ・アラタニさん

心人物としてさまざまな活躍をされていたジョージ・アラタニさんが、映画の中で語っている。彼は戦前に日系二世として慶應大学に留学しており、普通の二世と比べると日本語・英語ともに完璧で、日本語しか話せない日系一世たちや英語がネイティブの二世たちとのコミュニケーションは、まったく問題なかった。

そこで彼は、強制収容所に入れられていた時に一世のいろいろな親たちから、「息子や娘たちを日本派にするように説得してくれ」と、依頼されたそうだ。

両者の考えをよく理解できるアラタニさんだから、気持ちは両方とも理解できるが、逆に両者を知っているだけに、客観的な視点で、

「気持ちはわかるが、日本語も上手くなく、日本にも行ったことのない普通の日系二世を、今から急に日本派にするのは無理がある」と、親たちを逆に説得したそうだ。

アメリカでの事業でも成功していたアラタニさんは、毎年、日系社会に莫大な寄付もしていた。リトル東京の中心に立つ８００席以上ある立派な日米劇場も彼の寄付によって建てられているので、通称アラタニ劇場とも呼ばれている。

そしてこの劇場で、映画『東洋宮武の覗いた時代』を上映した。東洋宮武自身がリトル東京の中心人物だったので、ドキュメンタリー映画としては異例の８００席以上ある大きなこの劇場を開けてもらい一日4回の上映、興行を行なったのだ。

アメリカという国と国民

最初の2回の上映は沢山のお客さんが来て、定員オーバーで入場できない人で溢れてしまった。結局この1日の興行は、開館以来20年程の歴史上一日当たり最大の観客となった。

これは製作した側からいえば素晴らしいことだったが、この過大な大観客が、その制作側の会社の社長の首を切るという原因を作ったという事実も追記せねばならない。その理由を読者に知ってもらうことが、アメリカという国の、あるいはアメリカ国民への理解になる一助になると思うので、話を続けてみたい。

劇場に来た観客の多くは、前売り券を買っていた方たちだった。窓口で切符を求める人もそ

アラタニ劇場の前で長蛇の列を作る人たち

れなりにいたが、彼らには、もう満席で発売できません、と言えば、当然素直に引き下がった。しかし、前売り券を既に買っていた人が、その回に入場できないとなると、お金が無駄になると騒ぎ出した。

その前売り券には当然、「満席になった場合は入場できません。次回または他の上映館に入場してください」という注意書きが書かれていた。だが、おそらく観客の8割以上の日系アメリカ人が、

「入場させてくれ、前売り券を持っているんだから入場させてもらえないのはおかしいだろう。満席で入れないといっても、車を駐車して駐車場代払っているんだ。次の上映の回まで待つなんて、予定があって無理なんだよ」

と、自分の理屈を優先して入場窓口の人たちに抗議する。それに対し、

「申しわけありません。ただお持ちの前売り券に書いてあるように、早く来ていただければ入場できるんですが、今は満員で無理なんです」

と、真っ当な説明をするが、そんな説明など無視して、窓口でゴネる人が続出したのだ。また、前売り券を持って地方から観光バスを仕立てて団体で来た人たちもいて、その人たちが入れないことがわかると、ますます騒ぎが大きくなった。

それは普通のアメリカ人と日系アメリカ人はまったく同じ感覚を持っている、ということとな

のだ。

日本人の一般的な考えだと、「無理押し」、「ゴリ押し」の要求なのだが、一般のアメリカ人の感覚は、言ったもの勝ちという面があり、騒ぎが大きければ、それに対しますます強気に出てくるという悪循環に陥り、入場できない人が入場口に固まり、大騒ぎが広がっていったのだ。

世界を巡り何度も経験していることだが、世界で一番声が大きいのはアメリカ人であり（中国人もかなり大きい）、日本を含めた諸外国のレストランで大きな声で喋っているのはアメリカ人なのだ。つまり、アメリカという国では、自己主張こそが多民族で構成された国の中で生き残るコツなのだ（これも中国と共通した面が多いのではないか）。

このあたり、無言の美徳を尊ぶ日本とは正反対である。〝大声でしつこく言い募る〟のは、あまり素晴らしい慣習とは言い難いと思うのだが、これがアメリカでの「仕方のない」生き方のコツでもある。

つまり文化も習慣も違ういろいろな国から、いろいろな民族が集まってできたアメリカという国では、自分が強く自分の正しいと思うことをしつこく言わなければ他の民族の他の国から来た人たちにはわからない。つまり価値観が違う人たちの中で、たとえ強引と言われようとも、自分の主張を強く言わないと、相手には無視されるだけなのだ。これはある面、仕方ないことだと思う。

結局映画を作り上映会を主催した側は、この映画のＤＶＤを販売するために持ってきていたので、騒動を鎮めるため、入場できず不平不満を漏らし騒ぐ人たちに、仕方なく前売り券よりも高いそのＤＶＤを差し上げて帰ってもらうことにしたのだ。

雇われ社長があたふたと対応していたのを見ていた会社のオーナーが、その対応が甘すぎると怒ったのがこの解雇劇になったらしい。

これらの入場できない観客に差し上げたＤＶＤについて、上映後に、上映したその映画のＤＶＤを販売するつもりで製作会社は大量に持ってきたのである。

しかし、その映画を見てくれた観客に同じ映画のＤＶＤを売ろうとしても実際に売れるのか……。「それは無理！」と思うのが日本での普通の感覚だと思うのだが、アメリカでは自分が気に入った映画だと、そのＤＶＤを買って再度見ようと思うのか、沢山のＤＶＤがその映画を上映している劇場で実際に売れたのだった。日本と比べればＤＶＤは安い価格とはいえ、この感覚も普通の日本人には少ないと思う。

当初は3回で上映を終える予定だったが、その日は特別に急遽もう1回上映を増やしてもら

窓口でゴネる観客に差し上げたアメリカ発売 DVD

い、4回の上映となったのだった。

作った監督としては多くの観客が来てくれたのは嬉しいが、バタバタとしたことは残念だった。

「勝ち組」と「負け組」

ちなみに、この映画の中では、在米日系人親子の対立だけでなく、もっと厳しい二世同士、互いの派の対立によって相互の殺し合いなどの事件も描いている。

ブラジルで起こった日系ブラジル人同士の「勝ち組」（日本はこの戦争には実は勝っている、ということを主張する一派）と「負け組」（日本はブラジル政府の報道通り、負けたと主張する一派）の対立、場合によって殺し合いは、アメリカでの日系人のトラブル以上の多数の殺人事件になっている。今と違って情報が伝わりにくい時代だったから、日本と地球の反対側の国・ブラジルでは太平洋戦争の実態は伝わりにくかったという点はあったとは思うが、自分が思うに、ブラジルに移住した日系ブラジル人にとって、アイデンティティはまだブラジル人とは言えず、日本人のものだったから、自分の国が負けたという事実があっても素直に受け取ると、自分のアイデンティティが失われてしまい、無理にでも「それは嘘だ！　日本が負けるわけがない」と、突っぱねるしかなかったのだと思う。

つまり、世界の国々の日系人にとっての第二次世界大戦は、さまざまな苦難を与えたのだった。

こんな状況では、仕方ない成り行きだともいえるが、この日系人たちの内面の苦渋は計り知れない。呑気で「平和な日本」に住んでいる現代の普通の日本人には、この苦渋は理解し難いかもしれない。

祖国と移住先が戦争になった時、「移民」と簡単にいうが、彼らは大変複雑な状況に追い込まれるのだ。

これが第二次世界大戦の時、日系アメリカ人に起こり、それについて主にこれから書いていきたいと思っている。

日系アメリカ人三部作

僕と妻の榊原るみは、永住権を得て２００１年から２０１２年まで丸11年間、ロサンゼルスに住んだ。つまり移住したわけだ。

そして多くの日系アメリカ人と親しくなり、結局僕は、３本の第二次世界大戦の頃の日系アメリカ人をテーマにした映画を作った。

『東洋宮武の覗いた時代』（２００８年）、『４４２ 日系部隊』（２０１０年）、『二つの祖国で 日系陸軍情報部』（２０１２年）の日系アメリカ人映画の三部作だ。

日米各地の映画館や劇場で公開し、地味なドキュメンタリー映画にしては、比較的興行的にも成功し、マウイ映画祭観客賞や日本映画批評家大賞、山路ふみ子文化賞をいただくなど、作品としても評価もされた。

それらの記録映画で取材させていただいた２００人以上の日系アメリカ人たちは、ほとんどがこの世を去ってしまった。青春時代に第二次世界大戦を経験しているのだから、たとえ生存されていても現在は90歳代後半から１００歳以上なのだから、ほとんどの方が逝去されているのは、悲しいかな、当然といえる。

1本の映画で、約半年の撮影期間に取材し撮影したフッテージはおよそ500時間程度になる。2台のカメラ、場合によっては3台で、ほぼ同時に撮影しているので、実際の撮影分は半分の250時間程度ではあるが、完成させた映画は、お客さんに見やすいように2時間以内にしているので、1本につき、撮影したほぼ500時間に近い映像は、カットして映画に使っていない。それもあって、編集上切った話も含めて、映画としては使わなかったものの撮影済み映像として残っているそれらの歴史を、別の形でも描くべきだとも痛感していたのだ。

ほとんど知られていない彼らの歴史を、新たにこの本で、キチンと残す必要があると強く考えているからでもある。

日系アメリカ人とはどういう人なのか？

日系アメリカ人を簡単にいえば、一見、日本人であるように見えて実際はアメリカ人である人たちだ。国籍はアメリカだが、見た目は日本人、性格も日本人にある面は近い。そこで普通の日本人は、間違ってしまうことが少なくない、つまり単純に「日系人は日本人」と思ってしまうのだ。

たとえば日系アメリカ人を主人公にした山崎豊子さんの小説『二つの祖国』を、NHKが大河ドラマにした『山河燃ゆ』は、日系アメリカ人を、日本人の精神を持った、たまたまアメリカ国籍を持った日本人として描いてしまった。アメリカにいる本当の日系アメリカ人は大いに怒って、その番組を放送していたロサンゼルスの日系TV局、通称UTB（United Television Broadcasting）に怒りの猛抗議をし、その大河ドラマは結局、数回で放送中止になってしまったという前代未聞のことも起こった。

この正確とはいい難い日系アメリカ人の像を描いたこの番組のおかげで、日本人はアメリカの日系人からある種の偏見の眼で見られるようになってしまった。僕が日系アメリカ人の映画を作ろうと準備を始めた時には、多くの日系アメリカ人から「また、何も知らない日本人が、我々日系アメリカ人の映画を作ろうとしているが、『山河燃ゆ』の二の舞になるのは間違いない」と陰口を叩かれたことは、いろいろな人から聞き、そういうことが言われているのも知っている。

またTBSが開局60周年記念で作った『99年の愛』という、日系アメリカ人が主人公の5夜連続の超大作TVドラマがあった。有名俳優も多数出演し、脚本家は『おしん』や『渡る世間は鬼ばかり』などで有名な橋田壽賀子さんである。彼女はTBSのトップの人（社長）さえ自分の言うことを聞いてもらうのが難しいような、当時のTV業界では有名な、最高の脚本家といってもいいような人だった。しかし、橋田さんは実際にアメリカに長く住むこともなく、日系人との付き合いのない中で、日系人を書くのは容易いことではなく、やはり『山河燃ゆ』のように、日系人をどこか日本人と近いように描いた部分があったそうだ。

それについては、アドバイザーを務めた僕の知人でロサンゼルス・ジャパンハウス所長の海部優子さんがかなり口を酸っぱくしてお願いし、橋田壽賀子さんに修正してもらったそうだ。それで日系人の実像に近い作品になった、と僕は思う。

彼ら日系アメリカ人は、見た目はまったく日本人であり日本人的な精神世界も持ってはいるが、自分たちはアメリカ人であり、そのことに強い意識を持っているのだ。それは、世界の民族が集まってできた国であるアメリカの中で生き抜くためには、アメリカ第一を唱えつつ、自らの出自を上手く利用することが必須なのだ。あくまで「アメリカが第一」を表に出さないと、多民族国家のアメリカでは生きていけない。つまり多民族国家のアメリカでは、自分のルーツを一つの特徴として利用していくのは必須だが、それはあくまでアメリカ人である前提の上での話なのだ。

そこを、実際にアメリカに住んだことのないシナリオライターたち創作者は、「日本人」としての彼ら日系人の想いを、勝手に表に出してしまい、「アメリカ人」である彼らの反発を喰らってしまったのだ。日本の視聴者を相手にシナリオを書いているので、日本人的な日系アメリカ人になるのは致し方ないとはいえるが、これをアメリカで放映するとなると、やはり問題になるのだ。

アメリカに住むアメリカ人である彼らにとって、親の故郷は日本ではあっても、自分たちはアメリカに住む「純粋アメリカ人」であり、日本への思いは、そこまで強くはない。しかし、ライターたちは日本の視聴者を相手にしているから、どうしても日本のほうばかりを向く日系人をドラマで作り上げ、アメリカ人意識の強い日系アメリカ人に、違和感を与えてしまったのだ。

ライターたち創作陣は、日系人を、「富士山や日本の父祖の故郷の山々、海などを思い浮かべて、日本との戦争で自分の身が引き裂かれる」と勝手に決めつけてしまい、日系人に大きな違和感を与えたのだ。

また、それ以上に日系人がアメリカで住む上では「とてもまずい発想」、つまり「アメリカ・ファースト」でないアメリカ人を描いてしまった。そのため日系人は、それではアメリカでの日系アメリカ人としての自分たちの立場がなくなる、と怒って中止に追い込んだのだ。

超右翼国家アメリカ

アメリカに住んで実感するのは、アメリカは「超右翼国家」という事実だ。つまり、いつでもどこでもアメリカの国旗を掲げることを要求され、国歌斉唱を、どんな機会にもさせられるのだ。日本で言えば、超右翼と言われて「馬鹿にされてしまう」ことを、アメリカでは誰もが自然にしているのだ。

つまり多くの国から多くの民族が集まってできた人工国家であるアメリカは、いつバラバラになってもおかしくないが、それを防ぐためには「超右翼的なこと」を国家維持のためにはせざるを得ないわけだ。そうしないと、こういう国は一気にダメになるだろう。ほぼ「単一民族の国」日本にいる多くの日本人は、こうした事実を意識しないので、この意味も十分に理解できないかもしれないが、12年間以上アメリカに住んだ人間にとっては、十分に強く感じるのだ。運営の難しい多民族国家でありながら、いまだに世界一の強国であり続けているアメリカという国の一つの秘訣が、この超右翼国家という背景にあるのを日本人は知る必要がある。

もちろん、アメリカに住んでいる人たちは自分たちが超右翼国家に住んでいるとは思ってはいないだろうが、客観的にいうと、あるいは日本的な観点からいうと、〝超超〟の右翼国家な

アメリカ国旗とアメリカ国会議事堂

のだ。

ある面では最も国家運営が難しい多民族国家が、長い間世界のリーダーであり続けられているというのは、実はこの米国が超右翼国家にあるということによっていると思う。案外にこういうことが大事だということを、長年住んでいた人間としては申し伝えたい。つまり常に国民は母国のことを思い、立派な国だ、いい国だと思うことで、世界のリーダーたり得ているのがアメリカという国なのだ。

日本に国家意識を失くさせたアメリカ

アメリカは日本との戦争で勝ったとはいえ、日本の特攻攻撃を含めた日本人の命懸けの戦いにいろいろ痛い目にあったので、今後日本がアメリカに歯向かわないようにするために、日本人と日本から右翼的なこと、愛国的なことを極力排除した事実も、案外普通の日本の方は気づいていない。日本人に国家意識をなくさせる教育をほどこし、マスコミ体制に至るまで、そう仕向けるさまざまな施策を占領時に強制的に取らせた。戦後約7年間に及ぶ占領軍（主に米国軍）による日本の統治時代に、これはかなり徹底して行なわれてきた政策であり、世界政治に関して「純真無垢な」多くの日本人は、「マッカーサー将軍のお言葉」を、「神の言葉」のように、占領が終わって久しい現在でもある面では単純に信じてきたのだ。

そういうことは、海外に移住した、あるいは長期間住んだ人間でないと感じないのだろう。日系史映画の3作目『二つの祖国で』では、まさに日系アメリカ人の秘密情報部隊である陸軍情報部の人々が、戦争後も日本に数千人の規模で駐留し、日本人の私的なすべての手紙の検閲などを含め、反アメリカ的な言動などに目を光らせていたことも語られている。アメリカ人である彼ら日系部隊の人々は、半ば当然とし、あるいは半ばは疑問の気持ちも持ちながら、これからの日本が反アメリカ的になることを防ぐさまざまな仕事をさせられてきたのだ。

ほぼ日本民族だけで成立しているわが国・日本は、努力をしなくても日本意識は育まれているし、国がバラバラになる心配もしなくて済むので、これらの国歌斉唱・国旗掲揚などはまったく現在では重視されないで済んでいるわけだ。

これが悪いとばかりは簡単にはいえない話だが、現在はそこまで踏み込んで議論も起きていないのも、ある面困った事実だと思う。

国家意識が薄い日本人も、オリンピックやワールドカップなどの競技になると突然国旗を持ち出し、国家意識を表に出すのだが、これも僕にはやや奇妙に思えることだ。

われわれ日本人は、日本に住み日本からさまざまな恩恵を受けているが、それも海外に住んだ人間でないとなかなか気がつかないが、もう一度そこはじっくり考えてもらいたいと思っている。

二重国籍者

２００1年、ニューヨークのワールドトレイディングセンターに旅客機２機が突っ込んだ9・11事件が起こる直前に、永住権を得てアメリカに移住し、まる11年住んでいたから、自分と妻の榊原るみは、永住権をアメリカ国籍に変えることもできた。法律上、10年以上永住権ビザを持ってアメリカで生活していると、簡単な試験に通ればすぐアメリカ人になれる。つまりアメリカ国籍を獲得できるのだ（ちなみに、前に12年間以上アメリカに住んだと書いたが、10数年前に1年間ニューヨークにも住んでいたので、合計12年以上となる）。

アメリカ国民になることを勧める友人も多かった。彼らの多くは、日本の法律では禁じられている二重国籍者であった。つまり密かに日本とアメリカの両方のパスポートを持つということだ。ロサンゼルスに住む知人の日本人たちは、密かにというか、実際はかなり隠しもせずに日本の法律には禁じられている二重国籍を持っていた。

最近逝去されたかつてペルーの大統領だったフジモリさんが二重国籍だったのを外務省的に

は大目に見ていた点が突っ込まれると言い逃れしにくいので、あまり二重国籍問題にキチンと対応していないと聞いたこともある。

政治というものは、ある種のアバウトな部分がないと成立しないのだが、現在の日本では、アバウトさも許さないような「ある種、真面目な」体制になりつつある。しかし、正しいことは何かを考える方向ではなく、細かい点を根掘り葉掘り言い募るようになっている気がしてならない。

そんな中、視聴者重視＝視聴率重視のマスコミが、細かい部分だけは突っ込んで、太い骨の部分は抜かして報道する体制ができてしまったとも思う。つまり視聴者が興味を持ちやすい表面的な事項を描き、本質の軸については難しいし、視聴者の興味を惹かないと思い込んで、描かなくなっている気がするのだ。

このフジモリ元大統領の二重国籍問題も、きちんと対応しただろうかと、マスコミには問いたいところだ。

自分もアメリカ国籍を獲得すれば、本当の日系アメリカ人になったわけだ。でも結局、アメリカ人になるのは遠慮して、２０１２年に帰国した。

「遠慮して」といったが、アメリカの医療制度の酷さに気づき、歳を取ると病気がちになるので、この酷い医療制度の国にはいられないと思い、逃げ出してきたというのも、半分は本当の話だ。お金持ちで資産を多く持つ人は、ひじょうに高い健康保険料を毎月支払うなどしているので、いざ病気などで入院しても、ほぼ医療費を払う必要はない一方、中産階級以下の下層の貧しい人たちは、健康保険を持っていない人がほとんどだといってもいい。中産階級の人たちでも、購入している健康保険は超高額を支払うシステムにはしていないから、病気などになっても全額は保険からは出ない。自分もその口だったので、事故で入院した後の支払いでは、それなりに苦労した。

日本に帰国して初めて気がついたのが、国民健康保険制度の有り難さだ。国民皆保険である日本の健康保険は、リーズナブルなお金でそれなりの医療が受けられるので、アメリカと比べると医療面では天国だといっていい。

自分自身、２０１０年に救急ヘリで病院に運ばれるという致命的な交通事故を起こし（救急車では間に合わず命を落とすので救急ヘリを使ったのだ）、その結果アメリカの医療をいろいろ受けて、その酷さを感じ、ここには年老いたらいられないと思ったのは間違いない事実だ。

この件についても、後で述べたいと思っている。これがアメリカのひどい後進国の面を示しているので、アメリカを知るには必須だと思うのだ。

第二次世界大戦の頃は、日本もアメリカも二重国籍を認めていたので、当時の多くの日系アメリカ人は二重国籍だった。つまり、両国が戦争を始めると、「どちらにつくか」は、本人の意思による。

つまり二重国籍は、両国のメリットも享受できる時もあるが、同時に両国の義務も負わねばならないから、戦争となると、究極の選択を迫られるわけだ。

そこで、当時アメリカに住んでいた日系人は、アメリカを選び、日本など枢軸国と戦ったが、当時、たまたま日本に帰国していた時に戦争が始まり、日本兵になった、あるいは「ならざるを得なかった」日系人たちも少なくない。そして、兄弟が日米に分かれて戦う、というような悲劇も実際に多数起こっていた。

三部作の最終章『二つの祖国で　日系陸軍情報部』では、そうした兄弟を実際に取材し、描いている。

2012年に文藝春秋社からの依頼で、かなりこの本のコンセプトと近い『1941　日系アメリカ人と大和魂』という本を出している。

これは、歴史書でもあり、日系人について描いたそのジャンルの本でもあり、エッセイでもあり、映画論にもなっていた。いろいろな本屋さんに行ってみて驚いたのは、この本が置かれている場所が、歴史コーナーだったり、エッセイコーナーだったり、映画コーナーだったりとまったくバラバラだったことだ。

今回は日系アメリカ人を中心に書いた本なのは同じだが、エッセー臭を減らし、学術書ではないけれど歴史的な部分を増やし、読者が知らなかった、気づかなかった事実を知っていただきたいと思い、書き進めたい。そして、その事実を知ると、日米関係の裏側、アメリカの闇の部分も別の視点から知れると思うのだ。

なお、この本の進行は、自作の日系三部作映画に従っていきたいと思う。

第1章

『東洋宮武が覗いた時代』

DVD VIDEO
撮った。生きた。戦った。
Toyo's Camera
東洋宮武が覗いた時代
かつてアメリカに日系人強制収容所があった。感動のドキュメンタリー映画。

強制収容

東洋宮武は、カメラマンとして戦前ロサンゼルスのリトル東京で活躍し、人柄も皆に愛されていた。

太平洋戦争が起こり、米国本土に住む日本人、日系アメリカ人が強制収容されることになった時、この本来あり得ない、あってはならない異常な事実を記録に残さねばならない、そのためには自分の仕事である写真は力になると東洋は考えた。

その強制収容には、手に持てる荷物のみで、ラジオやカメラなどを持ち込むことは禁じられていたが、彼はレンズとフイルムフォルダーを隠して収容所に入り、同じ収容所に収容されていた大工に依頼して密かにカメラボックスを作ってもらい、カメラ自体を自分で作った。そして収容所出入りの業者に密かに依頼してフイルムなどを購入し、強制収容所の実態を、当初は誰にもわからないように早朝とか暗くなる直前など監視が行き届かない時間だけで写し始めた。

この事実を中心に描いた記録映画が『東洋宮武が覗いた時代』だ。

ちなみに後になって、彼は収容所の公式カメラマンになって、それぞれのバラックに住む人たちの集団の記念写真などや、野球やラグビーなどの収容所内の公式行事の撮影などをするようになった。当時の写真好きのメリット所長の写真への理解があったおかげであった。

日本時間で1941年12月8日、日本軍はハワイ真珠湾に奇襲攻撃をかけ、大被害を米軍に与えた。太平洋戦争の始まりだった。

この攻撃で、一見日本は幸先のいい大勝利の戦争を始めたかに見えたが、逆にアメリカ人の怒りに火をつけ、「日本憎し」の思いを抱かせ、大逆転の原因をこれによって与えたのだ。

「リメンバー・パールハーバー」は、ある種の標語的な響《ひびき》で、当初は戦争を忌避したいというアメリカ人を大いに怒り狂わせ、この真珠湾攻撃によって日本との戦争に強烈に向かわせてしまった。

また日本は、宣戦布告的な文書をアメリカ側に提示するのを、大使館員の送別会などで大幅に遅れてしまい、攻撃後に提示するという大きなミスを犯し、これがアメリカの怒りを一層高めたのだ。

ちなみに、この重大なミスを犯した外務省の人たちは、特にきつい処罰を受けたということはなかったという。つまり、日本独特ともいえる身内に甘い「なあなあ」主義が発揮されてしまったのだろう。戦争をするという、国家最大の重要事項を「なあなあ」で済ませてしまう日本の体質も、われわれは自覚しないと、日本は改善されていかないと思う。つまり日本独特の

「ことを荒立てない」性格がここで出てしまったわけだ。

これはいい面もあるには違いないが、やはり根本的な改善・改革をしようとするのには、大いに妨げになる欠点で、日本自身・日本人自身がここを改善すべきではないかと、海外に長く住んだ人間には思えるのだ。


真珠湾攻撃によって大被害を受けたアメリカは、大混乱に陥った。予想もしない彼らがイメージしていた「劣等国・日本」の真珠湾への攻撃、そしてアメリカにひどい損害を与えたそれは、その後の「日本軍のアメリカ本土への攻撃」を予測させ、焦ったアメリカはさまざまな「ドジ」をやり始めた。

その大きな一つが、日系人を強制収容所へ押し込めたことだ。ドイツやイタリア系のアメリカ人などには、アメリカは彼らの母国と戦いを始めていながら、ごく一部の特殊な人を除いて彼らを収容所に強制収容はしなかった。これに対し、米国本土に住む日系アメリカ人のほぼ全員に近い12万人ほどを、太平洋岸から離れた半砂漠地帯に急造した10カ所の強制収容所に押し込んだ。

この12万人の半分以上がアメリカで生まれたアメリカ国籍を持つ純粋なアメリカ人であった。

アメリカ政府は、この日系アメリカ人のアメリカ国籍を棚上げにし、敵性国民としたのだ。

この強制収容について描いた映画が『東洋宮武が覗いた時代』という、日系史映画三部作の最初の作品である。

ひき裂かれた家族

日系アメリカ人にとっては、信じられない自分達の母国・アメリカ政府の仕打ちだった。自分たちにはまったく悪いことがなかったのに、自分たちの親の母国・日本のアメリカへの攻撃によって、アメリカ人と思っていた自分たちが酷い仕打ちを受け否応なく敵性国民とされたのだ。彼ら日系人たちのアイデンティティは、いっぺんに喪失させられてしまった。

これは、実際に長くアメリカに住みアメリカ生活を体験しないと理解しにくいとは思うが、彼らの自己喪失感、呆然とした感覚は激しかったと確信する。つまり資産をなくしたりすること以上に、自分たちが日本人でもなく、アメリカ人でもない、自分が何者かが不明になるのは、人間にとっては耐え難いことなのだ。長く日系人と付き合った自分は、確信を持ってそう考える。

当時、ロサンゼルスのマリナデルレイという地区のコンドミニアム（日本流にいえばマンション）にわれわれ夫婦は住んでいたが、同じコンドミニアムに住んでいた初老の独身日系人女性と親

アンセル・アダムス撮影のマンザナ日系人強制収容所

しくなった。彼女のご両親は、日米が戦うことになり、「われわれ日系人を強制収容所に入れるようなアメリカ政府は信頼ならない」と言う父親と、「今さら日本に帰国はできない」と言う母親とが、結果として日米に分かれて離婚・別居となってしまったそうだ。そして彼女の姉は父親に引き取られて日本に一緒に行き、彼女自身は母親とアメリカで生活することになったそうである。そして父親は日本に帰国はしたものの、当時の日本の生活苦で程なく亡くなってしまったという。

こういう話を実際にお聞きすると、日米の戦争が、兵士だけでなく普通の日系人に大いに影響を与えたことがわかる。

ちなみに彼女のお姉さんは、戦後のかな

り経過した後、アメリカに戻った。

そうした話を同じコンドミニアムに住む妹さんからうかがった。そして、その話をうかがってからそれほどたたないある日の夕方、お姉さんと一緒にマリナデルレイのわが家に食事に来ていただき、僕の手料理で夕食を共にしている。

この強制収容は、人種差別が根底にあったのは間違いないとも思うが、基本はアメリカの、この真珠湾攻撃についての衝撃が大きかったのが一つの原因だったと思う。

日系人の勤勉さ

さらにいえば、この強制収容に拍車をかけた要因の一つが、日本人移民の勤勉さといってもいいと思う。

カリフォルニアを中心としたアメリカ農業の発展で、日系人が果たした役割はとても素晴らしいものだった。真面目な日本人移民は、半ば砂漠地帯のカリフォルニアを肥沃な大地に変え、農産物を大量に生産した。そして、一世の移民日本人には土地は所有できなくとも、アメリカ生まれの息子たち二世の名義にすれば、アメリカ国籍の日系アメリカ人の息子たちは土地が持てた。そこで、勤勉な日本人たちは、子どもの名義でカリフォルニアの土地をどんどん買い進

アンセル・アダムスの写真。マンザナ収容所近くに農場を作った日系人たちの農作業（部分）

め、半砂漠地帯を、肥沃な農土に変えていったのだ。実際に現在のアメリカ農業の基礎を築いたのは、日本人・日系人だと言っても過言でない。

不毛に思われた半砂漠のマンザナ強制収容所に農場を作り、野菜や穀物などを収穫する日系アメリカ人の姿を写した写真は、世界的な写真家アンセル・アダムスの写真集『ボーン・フリー・アンド・イコール』で見ることができる。

「ボーン・フリー・アンド・イコール」

この『ボーン・フリー・アンド・イコール』という写真集を、アンセル・アダムスは戦争中に作った。

「移住したアメリカで、『自由に平等に』生まれたはずなのに……でも実際は自由でも平等でもなく、日系アメリカ人は差別され、不自由極まりない強制収容所に入れられた」という皮肉な意味を、この写真集の題として彼は付けたのだ、と思う。

アダムスは、写真愛好家の強制収容所・メリット所長と知り合いということで、実際に収容所に住まわせてもらい、収容者や収容所の様子を撮った。そうして作った写真集がこの『ボーン・フリー・アンド・イコール』という写真集である。

彼はカメラマンとして、このマンザナ収容所にそれほど遠くないカリフォルニア北部のヨセミテ国立公園を中心に写真を撮影し、自然の凄さ、美しさを撮る特別な人として現代まで知られているが、この時、彼はあえて自然を写し撮るのではなく収容されている日系人を中心に撮影している。

しかし、この写真集は出版されたものの、ほとんど売れなかった。逆にこの写真集は、「ある面では日本寄りだ」と反日的な一般米国人たちや過激な米国人には思われた。そのために大衆の目の前でその写真集を焼くということさえされたという。

『ボーン・フリー・アンド・イコール』復刻版写真集

結局彼は、その写真集の著作権をアメリカ政府に寄贈した。

そのお陰で著作権フリーになり、現在、この写真集は再刊もされ、その中の写真も自由に使えるようになっている。

この日系人の農業進出に危機感を持った一部の白人農家が、日系アメリカ人の強制収容を政府に密かに提言したともいわれている。つまり、勤勉な日本人・日系人が収容所に入れられれば、日系人が購入したカリフォルニアの土地での農業はできなくなるのだから、白人農家たちにとっては、昔の平穏が戻るというわけだ。この事実は、公にはされていないが、カリフォルニア政府の書類を実際に見たという日系人から、この話を聞いている。

いずれにせよ、日系人たちが強制収容されたという事実は、日系人たち当事者にとっては最も強烈な、信じられないようなことだった。これは、実際にアメリカに長く住み、日系人と付き合わないと気がつかないことだと思う。われわれ夫婦も移住し、ロサンゼルスに住み、日系アメリカ人との付き合いが長くなるとそれがわかってきたので、この事実を映画として残す必要があると考えたのだ。

当時、こうした体験をした人たちは80代、90代の年齢になっていたから、早くしないと彼らの声は永遠に消えてしまうだろうと思ったわけである。

そして、日系アメリカ人の三部作映画の最初に作るべきは、やはりこの問題を扱う作品だろうと確信していったのである。

この社会的な映画で、普通の商業映画のように利益を得られるだろうとは考えなかったが、少なくともこれらの事実をまったく知らない日本人にとっては、これを作り見てもらうことは意義ある仕事だと思ったので、自腹でも踏み出そうと決心した。撮影所で育ち、商業映画を撮って来た者には今までにない取り組みだが、そういうこともアメリカに移住し、この事実を知ったのだから、この映画を作るのは長年映画監督として生きてきた自分の半ば義務でもあると感じたのだ。

実利を度外視して映画製作を決意

歴史的な事実を描いただけだと単なる教育映画のようになるだけだと思った僕は、お客さんにも楽しんでもらいたいと考えた。そして別の方面からこれを描いてみたいと考えるようになっていた時に、ロサンゼルスの日系社会でも知られた東洋宮武の息子さんである写真家のアーチー宮武さんにお会いすることによって、映画は実現されていくことになった。

彼の家にお邪魔して、彼の父親の東洋宮武が撮影した大判の写真を沢山見せていただき、その素晴らしい写真に驚き、感嘆した。「これはぜひ彼を、そして彼の写真をメインに映画を作っていこう」と考えたのだった。

マンザナ収容所でアンセル・アダムスが撮った東洋宮武のポートレイト

実際に東洋宮武が強制収容所で作ったその手製のカメラは、息子さんのアーチーさんの手元にあり、映画でもその手製カメラをクローズアップで描いている。

アーチーさんの父親・東洋宮武は、日系社会の中心地・リトル東京では知らない人はいないといわれた写真家だった。

東洋はカメラマンとしてあらゆるジャンルの素晴らしい写真を撮り、生前は米国人カメラマンの中でも大いに知られた写真家であった。彼の写真、特にマンザナ日系人強制収容所関係の写真では追随を許さない人である。

ドロシア・ラングやアンセル・アダムスなど世界的に著名な素晴らしい写真家が、日系人の強制収容所関連の写真を撮影し、記録として残してはいるが、実際に何年も収容所に暮らした東洋の写真と、短期間滞在しただけの彼らの写真とは、本質的な違いが出るのは当然である。

東洋宮武の手作りのカメラ

東洋の写真では収容者との親しい人間関係を感じさせる数々の写真は、やはり特別であった。つまり彼が収容者たちを撮影した写真に見えるのは、彼と収容者との温かい人間関係を感じさせるものなのだ。撮られた収容者たちの顔には、緊張感の感じられない穏やかな雰囲気が、時には笑顔満杯の団体の写真で溢れている。

僕自身こんな素晴らしい写真を撮影した東洋について、そして彼の撮影した写真の数々を紹介する映画を作ってみたいと思うようになっていた。

しかし、動くものを撮るのが「ムービー」たる映画である。

「ムービー」、つまり「動くもの」という文字通りの意味だから、動かない写真を媒体として、映画として動きを感じさせるのはある種の挑戦でもあり、どうやって映画を構成していくのか、というのも、チャレンジし甲斐があるようにも思えた。

これについては、撮影後の仕上げ作業で編集技師の水原さんが、写真をデジタル的にズームしたり動かしたりといろいろ工夫をして、それ自体でも動きが出てきた。もちろん、全体の映画の構成の中でこそ、動きを感じさせる動画＝映画になるのだが、そのためにおよそ半年の編集期間で試行錯誤している。

この映画は日本では興行的には成功とはいえなかったが、幸い国際交流基金の助成金と、文化庁芸術振興基金の助成があったので、致命的な赤字にはならなかった。それでも、やはり持ち出しの映画にはなってしまったが、それはそれとして、納得した上なので、後悔はなかった。

東洋宮武とジャニー喜多川・メリー喜多川

あまり世間では知られていないが、取材によりわかってきたのは、東洋宮武が日本の芸能界で活躍していた旧ジャニーズ事務所の創始者であるジャニー喜多川やメリー喜多川の親代わりになっていたという事実である。残念ながらジャニー喜多川の性的なスキャンダルで事務所が閉鎖状態になったが、彼らが芸能界の一つの時代を築いたのは間違いない。

東洋宮武の息子さんのアーチー宮武さんから、ジャニー喜多川一家についてはとても親しかったと聞いていたので、映画でも彼らに出演いただき、東洋について語ってもらいたいとその時に交渉した。その結果、「取材には応じるが顔出しではなく、声だけなら結構です」との返事をジャニーからいただいた。しかし、他の取材者の方たちが顔を出して語っていただいているのを考えると、彼らだけが特別なのはよろしくないと思い、こちらから取材をお断りしたということがあった。

今思うと、声だけでも取材させていただけばよかったのに、大変残念だったという思いは強いが、それを言ったら詮ないことだろう。

アーチー宮武さんによると、日本との戦争が始まる前にジャニー喜多川一家は日本に帰った。元々、東洋宮武スタジオのほぼ隣、ロサンゼルス・リトル東京の真ん中にある寺院、高野山米国別院の住職だったジャニーの父親達のご一家とは日常的に宮武一家は親しく付き合っていたそうだ。

日本に戻ったジャニーとメリーが、戦後再度渡米するには、当時まだ占領下にあった日本からは簡単ではなく、保証人が必要だったという。そして、昔の近所付き合いの東洋宮武が依頼された。東洋はそれを受けたので、彼の家にジャニー喜多川たちは当初は滞在していたと聞いている。占領下では日本のパスポートもないので、特別な、それに代わるものを発給してもらったそうだ。

東洋宮武が描いた収容所の絵

ジャニー喜多川たちとは関係ないが、有名な絵描きの竹久夢二の絵も東洋さんの家にあったから「この竹久夢二の絵はどうなさったのですか？」と聞いてみると、実は彼もロサンゼルスに来て、東洋宮武の家に泊まったと言っていた。

元々、東洋宮武は絵描きになりたかったそうで、実際に立派な絵も描いている。

しかし親御さんが、絵描きでは食っていけないが、写真家なら何とか生活はできるだろうというので、親の勧めで写真家になったそうだ。ちなみに東洋は彼の両親と一緒に香川県からアメリカに移住している。

ロサンゼルスには、日本の有名人は夢二に限らず沢山来ていて、その写真も彼は撮っている。現在の上皇陛下も含めて沢山の人が映画の中で東洋撮影の写真で紹介されている。

東洋宮武の作品３点

強制収容の反応

1942年2月19日、大統領令9066により実行されることになったこの強制収容の措置について、日系人たちは茫然自失状態で、直後は集団での強い反対運動などは起こらなかった。しかしこの強制収容の措置は、強烈なボディブローとして徐々に日系アメリカ人たちの自覚を促していった。政府に違憲だと訴え、権力側（つまり政府）と闘い始めた日系人も何人かいた。

これは当然であり理に適ったことではあったが、戦争という非常時には理屈は抜きにされるから、当初は裁判にもこれらの日系人たちは負けた。しかし粘り強く訴え続ければ、理屈が通っている彼ら日系人の主張を退けるわけにもいかなくなり、アメリカ政府は自らの非を認めることとなった。

1988年、レーガン大統領が日系アメリカ人への補償法にサインして、正式な謝罪を日系人にし、生存している元収容者には一人につき2万ドル（2024年現在では約300万円）の慰謝料を支払うこととなった。

この背景には第二次大戦で大活躍した日系アメリカ人兵士の貢献もあり、また日系社会の長い期間にわたる運動とその影響力が力になったのは間違いない。日系社会全体がこの運動に取

レーガン大統領の強制収容の謝罪文書サイン

り組み、政治を動かしていったのだ。

これは、実際に日本のことを考えると、簡単にできることではないと思う。

つまり国家が、「わがアメリカ政府は、日系アメリカ人の皆さまに間違ったことをしました。ごめんなさい。謝罪のしるしとしてお一人に2万ドルをお支払いします」と、正式に言ったということなのだ。

アメリカを絶賛するのではないが、いくら日系社会が声を張り上げても、これはなかなかできないことだとは思う。そして、日系人を強制収容した当時の収容所の荒地を、国立公園として管理維持し、国家の反省の姿勢を示した。一度は壊した監視塔などの建物も再建したりもしている。

こうした措置を政府に取らせたのは、日系人たちの粘り強い運動があったが故でもあるが、そうした正論を実行できる政府は立派だと強く思う。

姑息な対応もあった

しかし、この素晴らしいアメリカの国としての行ないも、すべてが立派だったかというと、必ずしもそうではなかったことも言わなければならない。

１９４５年、第二次世界大戦が終わろうとしている頃、日系人兵士がドイツのダッハウ強制収容所のユダヤ人収容者たちを解放した。解放した彼らの多くはアメリカ本土の強制収容所から出征していた日系人部隊の兵士たちだった。

その部隊名は５２２野砲大隊。この直前に日系部隊の４４２連隊から離れ、ドイツ方面の戦線に入れられた５２２野砲大隊が、偶然に通りかかったダッハウで強制収容所を見つけたのだ。その時、すでにドイツ兵は逃げてダッハウ収容所にはいなかったので、解放劇は特別な戦闘もなく行なわれた。

ダッハウの強制収容所にも撮影で訪れているが、鉄条網で囲われ、監視塔があるのは、日系

ダッハウ収容所と、そのトイレ

人の強制収容所とまったく同じだった。その他、トイレの便座に仕切りがなく、誰からもトイレの使用時は見えてしまうなど非人間的な作りだった。

つまり、ダッハウ強制収容所も日系人の強制収容所と同じ作りのものが多かった。

この解放劇だが、アメリカ政府としたら大いに恥ずかしい事実だったので、これを隠すという姑息なことを行なっている。つまり米国政府が一時は強制収容所に入れた日系兵士たちが、ナチスにより強制収容されていたユダヤ人たちを解放したのだ。この事実を隠すために、アメリカ政府は突然、解放したのは大隊レベルではなく、その上位の連隊レベルの名でなければならない、と決めて、ユダヤ人などのダッハウ強制収容所の解放者は、かつてアメリカの強制収容所に入れられていた日系兵士たちの５２２野砲大隊ではなく、その上位の米兵たちの連隊としたのだ。つまり少し前までは４４２連隊に属していた日系人だけで構成された５２２野砲大隊を、ドイツ戦線では米兵たちの連隊の傘下に移していたので、この連隊の名を歴史に残すなら、まったく問題なくなるのだ。隠せることは隠すという姑息な手を使ったのもアメリカ政府だったことを、忘れてはならないだろう。

また、もう一点追加したい事実として、米軍はダッハウ強制収容所などのナチスドイツが行なったユダヤ人など収容者を殺害した多くの死者たちの映像をたくさん残している。その映像

ダッハウ監視塔

ダッハウ強制収容所でのユダヤ人たちの死体の山

の数は異常なほど多い。実際にメリーランド州にあるナショナルアーカイブズで、残された映像資料をこの三部作に使うためにかなり見たが、その中で、このダッハウの痩せ細ったユダヤ人たちの死体の映像などは異常に多かった。

その異常な多さを不思議に思ったが、よく見ると、米軍が情報戦として、あの手この手で、ナチスドイツの酷さを印象付けるために、死体を並べ替えて再度、別の場所で、別の映像に見えるように撮影したりしているとしか思えなくなったのだ。映画監督（演出家）の立場から、これらの映像を見ていると、やらせというか、演出されて歩いている連合軍の人たちの様子も、自然さから遠いように思える。

これもある面、戦争という異常事態の中ではあり得ることだという悲しい現実も考えなければならないだろう。

いずれにせよこの強制収容が決定された日、1942年2月19日は、日系アメリカ人にとって、多くのアメリカ人の真珠湾攻撃へのショックに匹敵する屈辱の日となった。"Day of Remembrance"という「追憶の日」として、毎年この日になると日系人によりいろいろな記念行事が行なわれている。また日系人が作る映画で、強制収容が描かれないことはほとんどないと言っても言い過ぎではないほどの大変なことだった。いわゆるVシネマ的なアクション作品でさえ、主人公の生まれたのが強制収容所で、それが原因でギャング的な人生を歩むようになったとか……いろいろとあるのだ。

このことは、普通の日本の人には理解しにくいかもしれないが、当事者にとって強制収容された事実はとんでもないことだった、このことだけは、改めて言っておきたい。

真珠湾攻撃

太平洋戦争の数年前1937年から、日本は中国との戦争状態を続けていた。支那事変と呼ばれる日中戦争である。その数年前から満州での権益をめぐり、日本は中国だけでなくアメリカなどとも対立しており、国際連盟も脱退した。アメリカを中心とした日本への包囲網は、どんどん厳しくなっていった。

いわゆるA・B・C・Dライン（America、Britain、China、Dutch）で締め付けられた日本の生きる道は、開戦か、アメリカ側への屈服しかなくなった。

つまり、アメリカによる貿易や金融停止、アジアの国々を植民地にするイギリスからの圧力、当然中国（チャイナ）とは当時戦争状態だったので日本に不利になることは何でもした。そしてインドネシアを植民地にしていたオランダ（ダッチ）の石油資源などの禁輸措置など、さまざまな日本への攻撃的な姿勢を示されると、資源のほとんどない日本はどうにもしようがなくなる

真珠湾攻撃

のは目に見えていた。
この遠因は、日露戦争での日本の勝利にあった。まさかの「劣等国、アジアのニッポン」が、「白人の大国ロシア」に勝ってしまったのだ。つまり、「貧しい劣等国のニッポン」が、突如「我ら白人国家を破りかねない」仮想敵国になってしまったのだ。
これ以後、欧米の日本への締め付けが急に強くなっていく。アメリカでも日本からの移民を全て禁止する法案、いわゆる排日移民法が成立した。
「世界の日本への締め付けは厳し過ぎる。このままでは国が危ない、破滅する」との考えが日本側に強くなった。それを何とかしたいという思いもあったし、国力を増進させたいと日本は満州に進出し、ある種「欧米の白人国家の悪い真似の侵略」的なことを始めていた。そうしつつも、白人たちの国々に侵略され、植民地にされていたアジアなどの国々を解放し、大東亜共栄圏を作る、という「立派な大義名分」を、日本は掲げた。

ある面とても立派な大義であり、事実、戦中にアジアの国々は日本軍の解放によって欧米の支配から脱し、独立国になった。しかし戦争の当時、それらの国々は実際、日本に半ば支配された傀儡政権的な独立だった。

しかし、表面的でも独立したので、その経験が戦争後の真の独立への道筋を作ったのは間違いないことだ。

そのキッカケに、日本軍の第二次世界大戦での動きは大いに力を添えていることは間違いない事実といえるだろう。

最近の話だが、これと近いアジアにおける日本の両義的な役割についての映画を作りかけ、公開する劇場まで決めてポスターまで作っていた。

『ボ・モージョと呼ばれた男』と真珠湾攻撃

コロナウイルスの蔓延、そしてミャンマーでのクーデターによる軍事政権の成立により、太平洋戦争時のビルマの独立を描く『ボ・モージョ（雷帝）と呼ばれた男』という映画を作るはずが、できずに終わってしまった。

この作品は、イギリスに長い間占領され植民地にされていたビルマを、太平洋戦争時、鈴木大佐という日本軍の軍人の指揮により、アウンサン将軍が独立させたことを描こうとした映画だった。

日本軍の大本営の「ビルマは傀儡政権にする」という方針に対し、鈴木大佐は「真の独立にすることが、ビルマだけではなく日本のためにもなる」と主張し、それによって大本営から左遷させられ、彼はビルマを離れた。

これらの日本ではあまり知られていない事実を描く映画であった。

戦争中だから綺麗事でモノゴトは進まないのはよくわかるが、鈴木大佐は、実利をいつも考える人で、傀儡政権ではビルマ人は日本に従わなくなるのを知っていたから主張したまでだったのだが、大本営はそこまで考えず、戦争を進めやすくする傀儡政権を選択したのだった。

ちなみに鈴木大佐から指導を受けビルマ独立を果たすリーダーとなったのがアウンサン将軍だった。しかし彼は、独立直後に同じビルマ人から暗殺された。国の英雄・アウンサンを失った喪失感は激しく、それ故ビルマ人たちにとって彼はある種の神様的な存在になってしまった。現在でも多くの商店などではアウンサン将軍の写真が飾られている。

その娘さんがノーベル平和賞を受賞している御存知のアウンサン・スーチーさんである。

彼女は現在、ミャンマー（旧名はビルマ）での軍事政権によって囚われの身になっているが、

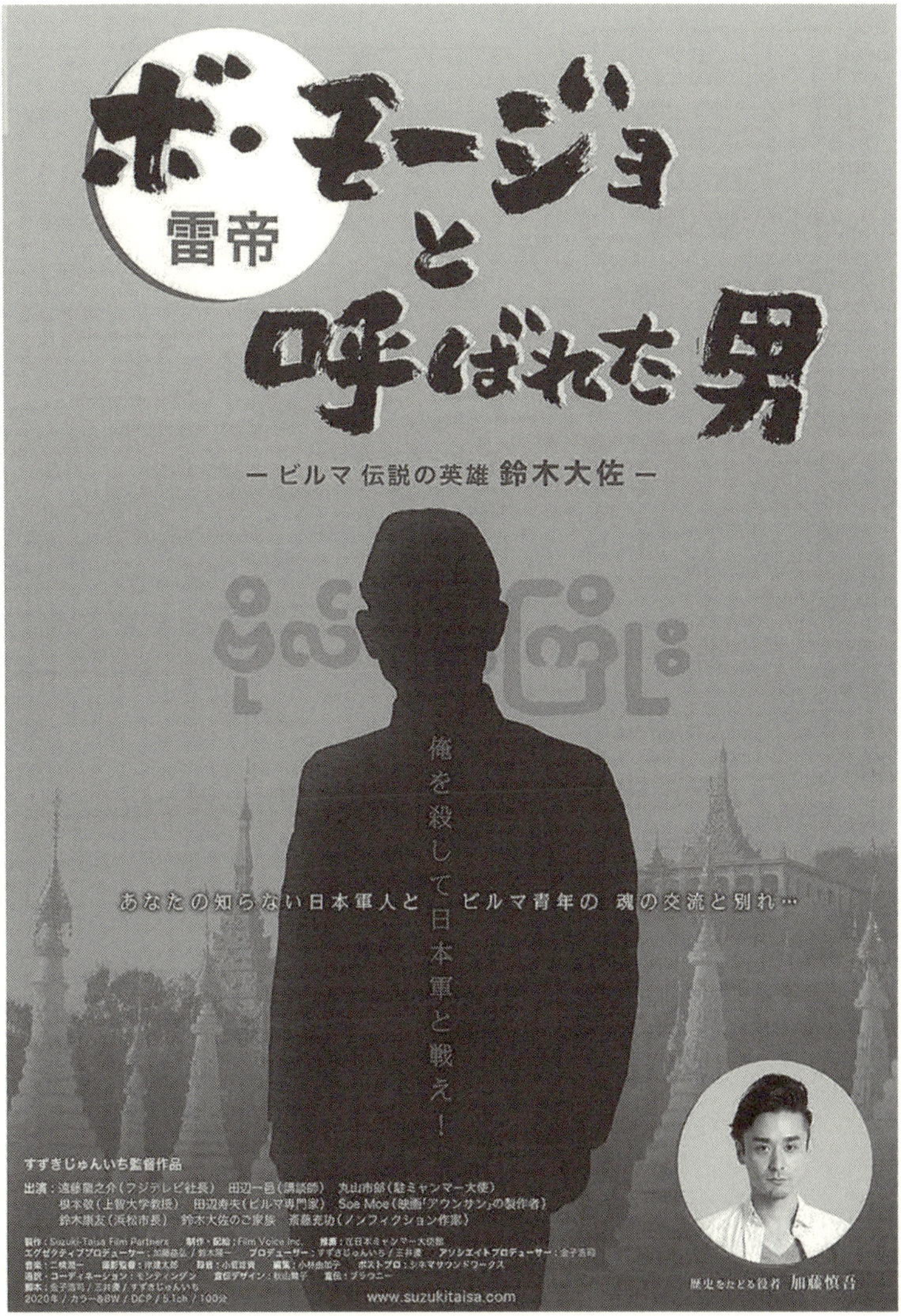
ボ・モージョ
雷帝
と呼ばれた男
ービルマ 伝説の英雄 鈴木大佐ー
俺を殺して日本軍と戦え！
あなたの知らない日本軍人と　ビルマ青年の　魂の交流と別れ…
すずきじゅんいち監督作品
出演：遠藤龍之介（フジテレビ社長）　田辺一邑（講談師）　丸山市郎（駐ミャンマー大使）
根本敬（上智大学教授）　田辺寿夫（ビルマ専門家）　Soe Moe（映画『アウンサン』の製作者）
鈴木康友（浜松市長）　鈴木大佐のご家族　斎藤充功（ノンフィクション作家）
2020年 / カラー&BW / DCP / 5.1ch / 100分
www.suzukitaisa.com
歴史をたどる役者　加藤慎吾

以前2度来日した時には、2度とも浜松市にある鈴木大佐の墓まで墓参りに来ているという。

ついでながら彼女はイギリスに在住している時に、ミャンマー政府の軍隊のやり方がよろしくないと言い募り、それらに関連したことでノーベル平和賞を受賞しているが、ミャンマーに数十年ぶりに居住するようになると、ミャンマー政府のやり方に以前のような異議申し立てはしなくなったと思う。それは、彼女が実際にミャンマーに来てみると、多民族国家のミャンマーはいついろいろな民族が独立戦争を起こしてもおかしくない状態だというのを実感できたからだと思うのだ。つまり、ミャンマーという国がバラバラに分かれてしまうのを避けるためには、多少の手荒いことでもせざるを得ないということが実感できたのではないだろうか？もちろん、彼女が立派なことを言えば、ミャンマーでは彼女の死刑などもないとは言えないかもしれないが……。

これは僕の個人的な感想でもあるけれど、政治は遠くにいて正論を吐くのは簡単だが、実際にそれを動かすとなると、軍も使わざるを得ないし、多少の荒っぽいこともせざるを得ないと思うのだ。

戦争は良くないし、なくさなければならないというのは誰もが語る言葉で、まったくその通りと思う。では人間は戦争をやめられるのかというと、これも無理ではないかと思わざるを得ない。

つくづく人間の悲しい矛盾を感じざるを得ない。これが倫理学科出身者の哀しい思いであり、ミャンマーの現状の抑圧的な軍事政権を思った時、それはとても共感できないが、外から立派なことを言うのは簡単ではあるが、実現まで可能な提案にはならないのが難しい。

ビルマ軍からミャンマー軍に名前は変わっているが、軍の行進曲は面白いことに日本軍の「軍艦マーチ」が使われている。それも、日本軍の鈴木大佐から影響を受けているアウンサン将軍が主導したビルマ軍だからだろう。毎年、独立記念日などの国家の記念日に首都ネピドーで行なわれるミャンマー軍の行進曲は「軍艦マーチ」なのだ。

また、鈴木大佐が亡くなった日に偶然、ノーベル平和賞をもらっていた佐藤栄作首相がビルマを訪れたが、ビルマの新聞での報道は、佐藤首相の到着記事よりも、鈴木大佐の死去の記事がずっと大きかったそうだ。また、ミャンマーの教科書でも、鈴木大佐のことが書かれているそうだが、こうした事実はほとんど日本では知られていないのが、大いに残念だと思っている。

ミャンマーでの映画作りの話はともあれ、戦前のこうした日本の動きに対して、さまざまな対抗策を欧米国家は取り始め、日本は逆に追い詰められていったのだ。

そういうギリギリに追い詰められた日本の状態の中で考えた大本営の作戦が、真珠湾にいるアメリカ軍を攻撃することだった。これに対しては、リスクが大きく、反対もいろいろあったが、当初は開戦反対派の山本五十六連合艦隊司令長官の捨て身の発言で、結局彼の考えに従うこととなった。受け入れなければ連合艦隊司令長官を辞めるとの言葉に衝撃を受けた軍首脳は、彼の意見を受け入れ、その準備を始めたのだ。

最も知米派の軍人ともいわれ、最後まで日米開戦に反対していた山本五十六だったが、ある種の捨て身の作戦で、この難局を乗り切ろうとしたのだろう。

長く厳しい訓練を続け、日本軍の飛行士たちの飛行技術は飛び抜けて高く、ほぼ不可能に近い真珠湾攻撃を実行し、信じられないほどの大成功を収めた。

当初は短期決戦で済ませて調停に持ち込み、国力が違いすぎる欧米との戦争は無理があると思っていた山本五十六などの日本の首脳も、ある種の勢いが出てきた中で、即座の終戦・調停案はほとんど消えてしまった。つまり一見素晴らしい結果＝真珠湾攻撃大成功が、国の方向を誤らせてしまったのだ。アメリカの衝撃に反比例して、この驚くべき日本軍の成功が、当初は日米の国力の違いから短期決戦以外ないという考えから離れて、日本軍にダラダラと数年も戦争を続けさせる元にもなったと思う。

〝真珠湾〟の反応

この真珠湾攻撃については、すべてがアメリカのルーズベルト大統領の政治的な誘導だという説もある。彼はアメリカでも異例の4期、13年間、大統領を務めている。また1929年のアメリカでの株価の大暴落に端を発した大恐慌に対してアメリカ政府はニューディール政策というある面では社会主義的な政策を取っていた。実際は、ニューディール政策で経済は成長しなかったが、ルーズベルトの「炉辺談話」というラジオを通じての彼の放送は大人気を博し、異例の4期もの期間、大統領をしたのだ。つまり最初にマスコミを利用した政治家ともいえる。

ルーズベルトの母親の一族は中国のアヘン貿易で財をなし、中国に大きな利権を持っていた。つまり彼の一族にとって、日本はそれを害する国であったから、明らかに彼の姿勢は反日的だった。また彼自身、かなり人種差別的な人間だった。

また彼は「戦争はしない」という公約を掲げて立候補していたので、日本などとの戦争はできなかったが、この真珠湾攻撃は、それを許す大きなきっかけとなったのである。つまりルーズベルト大統領にとっては真珠湾攻撃を誘導する大きないくつかの理由があったともいえるのだ。

ナチスドイツとの戦いに苦しんでいたイギリスにとっては、アメリカが、日本やドイツと戦ってくれる同志になる状況は最も望ましかったから、この日本の真珠湾攻撃のニュースを聞いた時には、当時のイギリス首相・チャーチルは、喜びの声を上げたともいわれている。

つまり、この真珠湾攻撃大成功のお陰で、アメリカが日本との戦い、つまりアメリカはイギリスと同じ立場に立って、日本と同盟を結んでいるドイツなどとの戦争に入ってくれると確信したわけだ。

また、日本軍の無線はアメリカに筒抜けで、一部のトップクラスのアメリカ人たちは、「日本が攻撃してくる」のはわかっていたともいわれている。当然、当時の貧しい日本が彼らと戦うのは、彼らにとっても半ば信じられないことではあったが、実際に起こってしまったのだ。

日本軍の真珠湾攻撃の大艦隊は、北太平洋からハワイ真珠湾までのとてつもない遠距離の航行にもかかわらず、アメリカ軍と出会わないという奇跡的な幸運もあり、真珠湾攻撃は大成功に終わったが、今考えればリスクだらけの作戦だったともいえる。

この攻撃は一見すると大成功だが、ハワイの基地にある米軍の給油タンクを破壊しなかったとか、真珠湾にいるはずの航空母艦はまったくおらず、それらを沈められず、古い戦艦などを轟沈させただけだったとの批判は、後々に出てきた。

その批判はその通りだろうが、では当時の日本にアメリカに勝てる力があったかというと、とても無理だったというのが事実だと思う。国力があまりに違い過ぎ、子どもが大人を相手にした喧嘩のようだったといえるだろう。最初の子どもの一撃は、確かに大人の急所をついて、相手に打撃を与えたが、時間が過ぎていけば、体制を立て直した大人に、一般論でいえばとても子どもは勝負にはならない。山本五十六をはじめとした多くの日本の政治家や軍人たちにも、それはわかっていたと思うが、それでも戦いを始めざるを得なかったのは、追い詰められて、どうにも他に手がなかったからだともいえる。その後の展開は、流れに任せてしまう日本独特の習性から出た悲しい現実だ。

日露戦争でも、国力の違いはある面雲泥の差があり、とても日本はロシアに勝てないと思われていたのだが、ロシア国内の革命に至る混乱などある種の運もあって、日本はロシアに勝ってしまった。これで太平洋戦争でもいけるかも、と思わせてしまった。それが、日本にとっても良くなかったともいえるだろう。

日系人の強制収容

日系人がマジョリティのハワイを電撃的に攻撃するというこの真珠湾攻撃だが、これが日系人への大変な苦悩を与えることについてはまったく考慮されなかったのではないかと思われる。

つまり、この電撃作戦で最も困るのは、間違いなくハワイに住む日本人とその子どもたちの日系二世たちなのだし、その数が数人なら仕方ないで済むかもしれないが、まさに十数万人を優に超す日系人が住むマジョリティの島、マウイ島の米軍基地である真珠湾を日本軍が攻撃したのだ。

最近まで一般的な日本人の思いは、日系人を低く見る傾向があったと思う。つまり、昔の移民とは、日本にいては十分食べられない人が、出稼ぎに海外に出るという意味で考えられていたのだ。つまり日本にいる自分より低い人たちだという発想なのだ。だから「自分達より低い日系人の多く住む島」を攻撃するのは、「これはマズイ」というような発想を生まなかったのだとも思うのだ。

話を真珠湾攻撃に戻すと、その大成功の元となったのが、日本軍の優秀な航空部隊だった。太平洋戦争当時、世界を驚愕させた零戦の優秀さはある面、間違いない。その優秀さと飛行士たちの素晴らしい飛行技術が結びついて、難しい真珠湾攻撃を成功に導いたわけだ。

しかし現在、僕が実際に残された日本の零戦などの旧日本軍の戦闘機を見た限り、ペラペラのトタンで作ったような日本軍機と、当時のアメリカの鋼鉄製の戦闘機を見れば、いずれトタン戦闘機は、性能を改善された鋼鉄のアメリカ戦闘機に敗れていくと思うのが自然なことだし、実際その通りになっていった。日本軍のパイロットは、初期には極めて優秀な人材も多かったが、軽くすることを重視して防御をあまり施せなかった日本の零戦などの戦闘機に乗った彼らが次々に激しい戦闘で消えて行くと、未熟な飛行士しか残らなくなり、それも敗北の大きな原因の一つになっていった。

当時ハワイの人口は43万人程で、そのうち日本人・日系人で40％近い約16万人が住んでいた。その日系人の人数はアメリカ本土の日系人よりも少し多かった。ハワイは正に日本人・日系人の島だったといっていいだろう。日本人の移民が最大多数の民族で、日系人抜きにはハワイ経済も回らないといわれていたほどであり、そこに日本軍が大攻撃を仕掛けたのだから、「自分たちの土地に、自分たちと同じ民族の軍が襲ってきた」というハワイの日系人の衝撃は、アメリカ人以上に複雑で大きかったのではないかと思われる。

真珠湾攻撃により、アメリカ本土ではアメリカ政府が西海岸から日系人を引き離すことで防衛を容易にするため、彼らを中西部の砂漠地帯に急造した強制収容所に押し込んだ。つまり、日本派の日系一世と日本軍が繋がることを恐れた措置だったが、表面上は日系人を日本軍から守るためとされた。

しかし実際は、収容所の監視塔で見張る米兵たちが構える銃の先は、収容所の中の日系人だったのは、残された映像を見てもわかる。逃走を試みて射殺された日系人もいた。

米国東海岸や中部地区にいた日系人は移動を強制されなかったが、西海岸には、ほとんどの日本人・日系人が住んでいたので、ほぼ全員に近い12万人ほどが強制収容された。一方ハワイでは、島で最大多数の民族である日系人を強制収容するのは経済的にも無理なので、ハワイで収容された日本人・日系人の人数はおよそ2千数百人のみで、基本はハワイ日系社会の指導者たちだけの収容だったとされている。

しかし、実際は指導的とはいえない人たちもかなり収容されたらしい。それは、強制収容所を維持管理していく人間を、すべて雇っていくのも経費がかかるので、収容者でそれをやらせてしまおうという、理屈よりも実利優先のかなりアバウトな方式だったようだ。たとえば、収容者の食堂のために料理人やパン職人、収容者の衣類のための洗濯屋・仕立屋、また水道工事人などなどを収容したので、日系社会の指導的な地位にいない彼らは、収容される理由もわからずに大いに戸惑っただろう。

収容されなかった人が「そのまま現地にいられた」とはいっても、まったく同じだったわけではない。たとえば当時軍隊に所属していたハワイの日系兵士は銃を取り上げられ、ほとんどが兵士とはいえない無役の存在に成り下がった。つまり「敵兵的ではあるが、米国内の事情で、表立っては敵とすることができない」だけの存在となったわけだ。普通の日系人も監視などが

収容所を塔の上から銃を持って見張っている米兵

厳しくなり、自由も制限されていった。

当事者の身になって考えると、これはどれだけ辛いか。普通のアメリカ人と思っていた自分のアイデンティティを否定される存在になったということだ。

真珠湾攻撃によってアメリカ本土では、ほとんどの日系人が強制収容されたのに比べ、ハワイでは強制収容がとても少なかったのは、その後、日系人たちのアメリカ政府に対する感情の違いとなって現れている。

つまりほとんどが強制収容された米国本土の日系人は、自分たちを刑務所のような収容所に入れたアメリカ政府への不信感が、日本への敵外心よりもより強くなった。それに比べハワイの日系人は、実際に住んでいたハワイを、母国の日本によって奇襲攻撃され、日本への敵対心がより勝り、強制収容も少なかっただけに、アメリカ政府への怒りも少なかったわけだ。

それは、アメリカ政府が日系人たちを徴兵し、戦場に送り出そうとした時に、ハワイではほとんどの日系人が応募したのに対し、本土では極めて少なかったという事実でもわかるだろう。

貧しさと差別が移民の大きな理由

多くの日系の移民者たちは、移住当初はアメリカでもとても貧しかった。多くの移民は、日本での生活の貧しさから逃れるためにアメリカに移住してきたが、当然アメリカでもすぐには豊かにはなれず、定住する家を持つこともできず、その日暮らしの人たちも多かった。また、朝鮮系の日本人（当時、朝鮮は日本に属していたので、当時の朝鮮人は日本人だった）は、日本の中でかなり差別を受けていて、それを逃れるために移住する人も少なくなかった。沖縄の人たちも、日本人から差別を受けていた。同様に被差別部落の人たちの移民が少なくないのは、そうした理由によっている。多くの移民は貧しさを逃れ、差別を逃れるために別の国に移住してきたわけである。つまり、日本に居づらいから日本を出て行ったわけだ。

これは、多くの国からの移住者も同様だといえると思う。今住んでいる国での生活が安楽で快かったら、わざわざ外国に出て行こうという思いは浮かばないのは当然だ。移住するのは移住するなりの理由があるということなのだ。

自分のことを言わせてもらうと、これほどの差別や貧困に苦しんでいたわけではないが、どこかで日本に息苦しさを感じていたから、30代前半には青年海外協力隊員としてモロッコに住んだ。その前後に世界中を動きまわり、アメリカには30代後半に文化庁の芸術家海外派遣でニューヨークに1年間住み、そしてロサンゼルスには夫婦で移住し49歳から11年間住んでいる。これは、移民たちの移住した理由とまったく違うともいえないと感じている。つまり、日本の中ではどこかに違和感を感じている部分があるから、海外に住んだのだ。

さらに差別についていうと、早く移住した民族は、次に移住して来た民族を差別するということを、悲しいかな、どの民族もしている。そして、次に来た民族は、その次に新しく来た民族を差別するのだ。

差別の連鎖が起きているのは、アメリカの移民史を学べば誰でも気がつくだろう。人間という生き物は、残念ながら人を差別するという愚かしい部分があると思わざるを得ない。

そういう事情があるのは事実だから、移民していない普通の日本人は、無意識のうちにそうした移民にある種の偏見を持っていた。日本に居続けている人たちは、移民した人たちを差別していたと、自分の身を考えた結果（日本を出て行った＝移住した人間として）実感している。

日系人三部作映画の一本でも描いているが、１９５０年代末、当時の岸信介首相にハワイ出身の日系人米国議員ダニエル・イノウエが会った時、

「日本のアメリカ大使館の大使に日系人を、と思っている。彼らは一番日本のことがわかっているから」

と言うと、岸首相は、

「日本を出て行った貧しい移民に大使などが務まるのか？」という意味のことをダニエルに面と向かい語り、移民者の子どもであるダニエルは大きなショックを受けたと語っている。一般論でいえば、これが普通の日本人の感覚だったと思う。

実際にダニエル・イノウエ上院議員の親は福岡県の村では長老格で豊かでもあったが、火事を起こし村にも被害を与え、そのために資産を失い、その責任もあり資産を作りにハワイに移住している。つまり貧しさから逃れるために移住したというある種の典型的な移住者の一人といってもいい存在だった。

ちなみに、ダニエル・イノウエはアメリカでは一番長い期間、上院議員をしている人として、米国議会においては大統領・副大統領・下院議長に次ぐ地位を得て、これらの人が事故などで

ダニエル・イノウエ議員

亡くなった場合には、彼が大統領になるという人だった。ハワイ・ホノルルの空港の名前は、彼の名を取りダニエル・イノウエ国際空港として現在に至っている。また米軍の一艘の駆逐艦の名前も「ダニエル・イノウエ」と命名されているという。

そもそもアメリカの起源は

貧しさや差別から逃れるというのは、何も日本の移民だけではなく、世界中の国の移民たちに共通のことだ。

最も代表的な移民は、メイフラワー号でイギリスからアメリカに移住したピルグリムファーザーズだろう。彼らは、宗教的な弾圧から逃れるため、アメリカに渡ったわけだが、貧しさや差別から逃れたのと、根本は同じといっていいと思う。このピルグリムファーザーズがアメリカへの最初の本格的な移民たちの一団となったのは知られた話だ。

しかしこの移民たちの子孫が、その後、原住民だったアメリカインディアンを迫害しほとんど滅ぼしてしまったことは、もっと再考されるべきだと思う。

半世紀以上前のテレビで放映されていたアメリカ直輸入の西部劇、あるいは映画館で上映される西部劇映画は、インディアンは悪者で、白人がインディアンを退治するというドラマがほとんどだった。インディアンが立派な善人ばかりとも思わないが、完全な悪人というドラマの作りは、ひどいといわざるを得ないだろう。勝手にアメリカ大陸に侵入し、原住民のインディアンをどんどん追い込んで、彼らを悪者として描いたのは、盗人猛々しいという言葉がふさわしい。ちなみにその後アメリカンニューシネマの時代になると、昔のノーテンキな、こうした映画ではなく、自分たちの悪も見つめる映画を作るようになり、単純にインディアンが悪者とは描かれなくなってはいるが、白人移住者が原住民のインディアンを迫害した事実は消えない。

この話に近い映画をいうと、世紀の大傑作といってもいい黒澤明監督の『七人の侍』を挙げざるを得ない。

貧しい農民を落武者的な野盗たちが襲ってくるのを、集められた7人の侍（もどき）が、やっつけるという、アクションあり、ドラマあり、ラブストーリーありの世界の映画にも影響を与えた歴史的にも素晴らしい作品である。

でも、この作品の骨子は、昔ながらの西部劇だといっていいだろう。つまり村を襲う悪者のインディアンに、正義の白人の騎兵隊たちが助け、ハッピーエンドになるというのと、極めて近いのだ。

つまり、正義の白人の騎兵隊に匹敵するのが7人の侍で、悪者のインディアンに匹敵するのが野盗たちというわけだ。しかし、昔の西部劇映画のように悪者のインディアンという一面だけの描写と同様に、『七人の侍』での野盗たちも、一人一人を描けば野盗にならざるを得ない、止むに止まれぬ事情は必ずあるはずで、必ずしも単なる悪者とはいえない苦悩も沢山あるのだが、「世界の映画界の巨匠・黒澤明」は、昔の西部劇同様に、野盗たち悪者は単純に悪者としか描いていない！

これはリアルとはいえない。でも、映画の面白さは、こうした単純化がないと案外描写できないという事実もあるといわざるを得ないだろう。

それはさておき、貧困から逃れるために移住した日系移民にとって、「強制収容はひどいのは間違いないが、米国政府のとったこの強制収容措置は、必ずしもマイナスばかりではなかった！」という事実は、案外知られていない。

おそらく、この映画以外で「収容所生活は楽でよかった！」とか、「母親たち日系女性が、初めて化粧などをする余裕ができた」などと幾人の収容者から証言もされている作品は、今まででそれこそ無数の日系人の作った映画を見てきても、そうしたことを描いたものはなかったと思う。

実際に、多くの日系人移民は、本当に貧しい暮らしをしており、家を借りることもできず、その日暮らしで、ブランケット（毛布）を担いで、今日はあちらのドミトリー（簡易宿屋）、明日はあちらの農家の納屋に、と定住もできない生活をしている移民も少なくない中で、毎日、無料の食事と雨露をしのぐ屋根のあるバラックの強制収容所に生活できる日々は、アメリカに来て初めての安息の日々だった、というのも半分の真実ではあったのだ。

こうした事実もあり、日系人を無国籍者に一時はさせ、自由を奪い、人間としての尊厳を奪ったこの強制収容を正当化はできないが、実際はすべてがマイナス面しかなかったともいえないことだけは付記したいし、自分のこの映画では、そう語る日系人の元収容者も描いている。

この映画を封切り当時に見た今は亡き義理の母は、「強制収容所といっても案外素晴らしいじゃない。私たちの戦争中は日本では食べるものにも事欠いて、空襲に日々怯えていたのに比べると、アメリカでは日系人たちはダンスホールで綺麗なドレスを着て、ダンスをしたり、演芸大会を楽しんだり、まったく羨ましくなるわ」と、ある面で率直な意見を述べていたのが思い出される。

強制収容されるという屈辱的な国家の行ないに思いを致し「人間の尊厳」を語ることはとても重要ではあるが、実際は生きるための安全と食べ物が保証された強制収容所が、100%否定されるばかりではなかったことも、残念ながら確固とした事実なのだ。

アメリカ派（イエス・イエス）と反アメリカ派（ノー・ノー）の対立

映画『東洋宮武が覗いた時代』に戻ると、この映画で描いた収容所の中で起こった日系人同士の対立、殺し合いについて触れなければならない。つまりアメリカ政府に忠実なアメリカ派と、自分達を突如、非合法的な措置で強制収容した事実に対し強い抗議の心を持った反アメリカ側（日本派ともいえるかもしれない）との対立は、その後あまり語られることはないのだが、実際は日系社会において表立ってはいないが、アメリカの日系人の社会を二つに分けているという悲しい事実も知るべきであろう。

この事実を知るわかりやすい象徴的な言葉がある。

「ノー・ノー」と「イエス・イエス」がそれだ。

『ノーノー・ボーイ』という日系人ジョン・オカダが書いた小説がある。第二次世界大戦中の

1943年、強制収容所で行なわれた米国政府の日系人に対するアンケート調査の中に「米国に忠誠を誓い、日本への忠誠を放棄するか」「米軍に従軍する意思があるか」という2つの質問が含まれており、日系人はYES／NOの選択を迫られたのだ。

答えが「YES、YES」であれば、米軍兵士の適格者として収容所から戦場へ送られた。一方、「NO、NO」と答えた者は、敵性外国人の扱いを受け、ツールレイク隔離収容所に集められ収容された。

運命の分かれ道になるこの2つの質問は日系人社会で大議論を引き起こした。つまり「YES、YES」のアメリカ派と、「NO、NO」の反アメリカ派の対立が明確になったのが、この忠誠登録といわれるものである。それを象徴的に端的に表した言葉が、この「ノー・ノー」と「イエス・イエス」で、それを描いた小説が、その後有名になったジョン・オカダが書いた作品『ノーノー・ボーイ』なのだ。

ちなみに「NO、NO」派は、大雑把にいうと1割にも満たない人数、つまり1万人以下であり、日系人の多くは「YES、YES」のアメリカ派となった。

ではなぜ、突然アメリカ政府がこのアンケート調査をしたのかというと、12万人もの日系アメリカ人を、半砂漠地帯の強制収容所に入れたのはいいが、毎日食事を与えたりして経費もバカにならない。また、第二次大戦中だから兵士も足りないので、この刑務所同然の場所に、彼らを「ただ入れておくだけではもったいない」と考えたからだ。つまり戦場に出して、アメリカ政府（アメリカ軍）のために働かせよう、と考えたわけである。

この『東洋宮武の覗いた時代』でも、この「ノー・ノーの人たち」を少し描いたが、次の映画『442　日系部隊』の撮影の準備で、442連隊のOBたちの組織といってもいい「ゴーフォーブローク・エディケーショナルセンター」という本部に、製作の協力を依頼に行った時、「まさか、ノー・ノーの人たちは出ないでしょうね？」と尋ねられた。

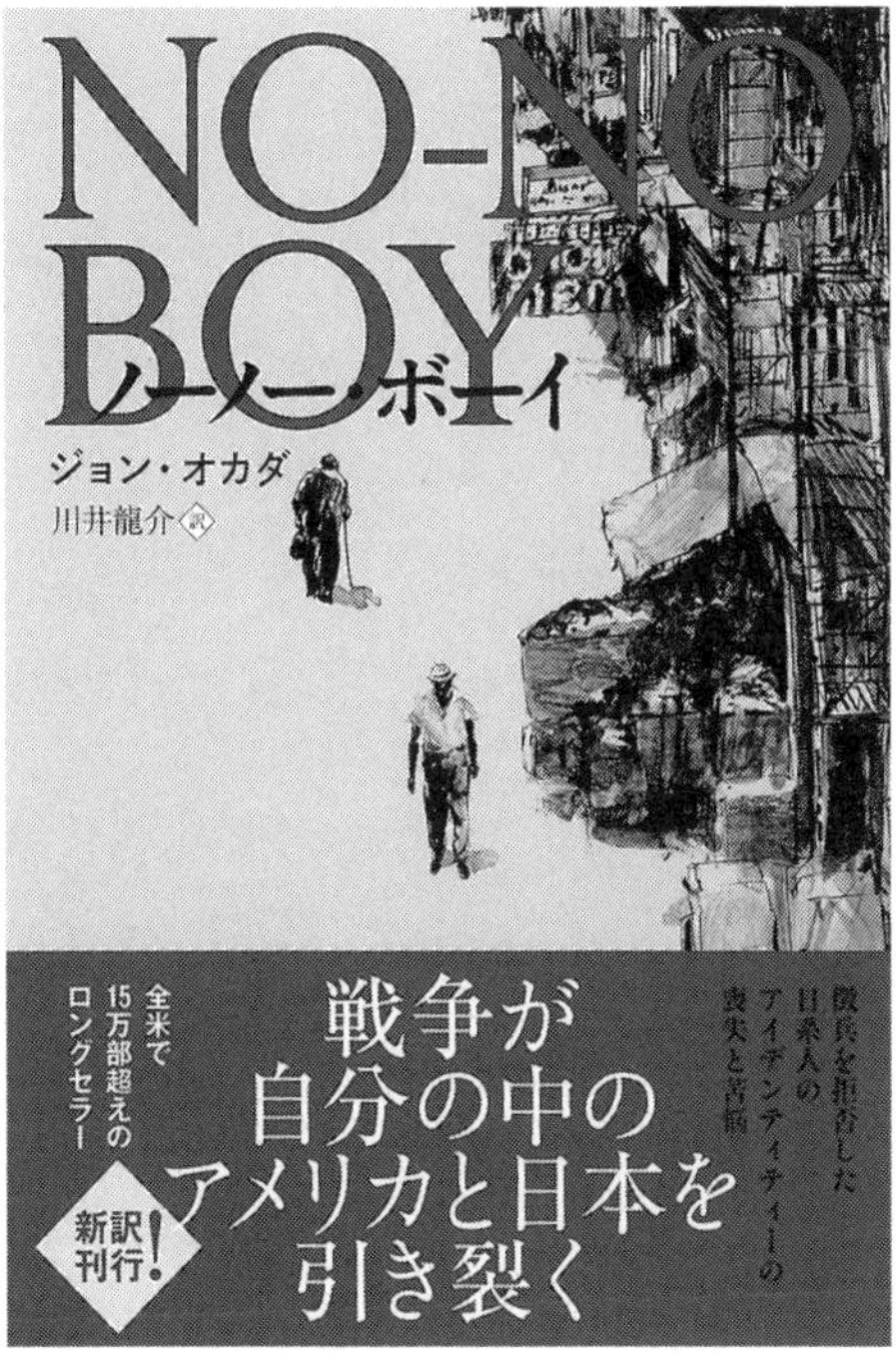

旬報社　2016年刊

つまり、442連隊の人たちにとっては、ノー・ノーの人たちは、完全な敵対者なのだ。その人たちが、自分たち442連隊がテーマになっている映画に出るのは、日系社会では圧倒的な多数派である「イエス・イエスの人たち」にとってタブーなのだから、描かれるのはとんでもないということになる。

これは、普通の人には理解しにくいかもしれないので、少し説明をしたい。

妥協できない対立

この両者の対立は、戦争中だけでなくずっと半世紀以上も続いていた（恐らく現在までも）。そして442連隊の関係者たちがアメリカ社会である種の成功者としての地位を得たのと反比例して、「ノー・ノー」の人たちは、かなり片隅に追いやられ、狭いアメリカの日系社会の中では「村八分」的な扱いを受けていたのだ。

これに対しイエス・イエス派の人たちも、これではいけないと、ある時、公的な行事として両者が大きなホールの壇上で握手をして和解をするというイベントを立ち上げ、実際に両者の和解セレモニーが行なわれた。

しかし、これでことが丸く治まったわけではなく、ゴーフォーブローク・エデュケーショナルセンター（442連隊のOB会でもある、442の兵士たちの業績を伝承するのを使命とした団体）の会員が怒って、「冗談じゃない！」と、会を辞める人が続出したのだ。

「俺たちは命を懸けて国家のために尽くしたのに、奴らノー・ノー派は、実際は危険に身を晒すこともなく、偉そうなことだけを言っているだけじゃなかったのか！　そういう連中と、握手などできるのか⁉　そんな組織と仲良くするなら、もう自分が会員として、この団体にいる必要もない！」

　と、なったのだ。

　そうなると、会自体の存続さえも危うくなるわけで、揺り戻しが起こり、イエス・イエスとノー・ノーの対立は解消されることなく、むしろ強まっていったのだ。

　実際にはノー・ノーの人たちの言うことのほうが、理屈としては正しいとは思う。この強制収容というひどい措置をした米国政府に対し、自分たちが従順に従うことなどあり得ないと考えるのは「もっともなこと」だと言えるだろう。

　一方この理不尽な米国政府のやり方に反発するよりも、今後の日系社会のためには、心に多少の矛盾は抱えながらも、国家に尽くす姿勢を示すことで将来につなげていこうと考えたイエス・イエスの人たちの考えも、立派であり、理屈を超えて共感できる。

　しかし、この両者の当事者となると、相手のことを理解できるどころか、反発しか出てこなかったのが、今までの経緯だった。これは、戦争中だけではなく、その後も子どもや孫たち、つまり二世、三世、四世たちにも、親の主義主張が普通は受け継がれていくので、両派は和解よりも、対立がずっと続いてきたのだ。

これは当事者でないと理解できない感情だとも思うが、実際に、この両者は戦後から半世紀以上、狭い日系社会の中で相手を白い目で見続けてきたのだ。

ゴーフォーブロークの人の、「まさか今度の映画で、ノー・ノーの人たちは出ないでしょうね⁉」という問いに対して、僕は、「いや、もちろん出てもらうつもりでいます。両者が出てこそ、キチンと日系史を描いた映画ができると思うからです」と答えた。その結果、この442連隊の人たちとその歴史的な成果を描く作品に、その本部の協力が得られなくなるという致命的なことになってしまったのだ。

困った事態に

自分のように日系社会に属さないでロサンゼルスに住んでいる「ノー・ノーでもイエス・イエスでもない」、完全な第三者なら、両者を客観的に平等に描けるし、日系人には描けないことを描いてこそ、ノー・ノーでもイエス・イエスでもない、日系人でもない第三者の自分がこれらの映画を作る意義があると思った。ゴーフォーブローク・エデュケーショナルセンターの「協力できない」という意思表示にも、それに気にせずに「イエス・イエスの映画」に「ノー・ノーの人たち」を描写したのだった。

しかし、現実的なことをいうと、ゴーフォーブロークの「協力できない」という宣言、これは困った！　大いに困った‼

しかし、困ったのは自分だけではなかった。先に書いたように、アメリカ大統領になりうる3番目の人であるダニエル・イノウエ上院議員も困ったのだ。この442連隊で一番ともいっていい大ヒーローのこの人に、映画に出てもらわなければ映画はほぼ成立しないと考えた。映画を企画した段階でまずこのダニエル上院議員に出演をお願いし、快諾してもらっていたのだ。

つまり、442連隊の大ヒーローたるダニエル議員が、その442連隊のOBたちの本部・ゴーフォーブローク・エデュケーショナルセンターが協力できないと正式にいった映画に出るのは、彼にしても、またゴーフォーブロークにしてもまずいのだ。

しかし、すでに僕へ出演を快諾している以上、断るのもまずいし……と、彼も本当に困った。ハワイの選挙区では、この442連隊のOBやその関係者が彼への最大の投票者たちだったから、もしダニエルが、その本部たるゴーフォーブローク・エデュケーショナルセンターが協力できないという映画に協力すれば、近づいていた選挙で、彼らの投票も得られなくなる可能性がないわけではないのだ。

ダニエルとゴーフォーブロークの間に立って調整役となってくれたのが、アイリーン・ヒラノだった。その時はまだダニエルとは結婚はしていない公認パートナーだったと思うが、彼女は全米日系アメリカ人博物館の館長として、正に間に立つに相応しい人だった。

結局自分は、ダニエル議員の出演についてはぜひお願いしたい、そして取材撮影をさせていただき、完成する前の編集ラッシュの段階の映像をダニエル議員に見てもらい、それで気に入らなければ、出演いただいたダニエル議員の撮影部分は映画からすべて外すという案を出し、了解をいただき、無事映画は撮影に入ることができた。


そのようなゴタゴタ騒動の後、編集した完成に近い映像をご覧いただいたダニエル議員をはじめとして同席して見ていただいた442連隊のOBの方たち（元兵士たち）やゴーフォーブローク・エデュケーショナルセンターの人たちにも、映画は大変気に入ってもらえた。編集ラッシュの段階の映像を見て涙を流されるOBの方などもいて、この映画は成功するだろうと予感をさせるほどだった。

ハワイを含めたアメリカ全土、そして日本各地、それからヨーロッパ3カ国をロケし、500時間程度の映像を撮影したキチンとした作品だと自負していたから、彼らを納得させることはできると密かに自負はしていたのだ。

ゴーフォーブローク・エデュケーショナルセンターが、この映画には協力をしないと宣言し、そのお陰でいろいろと苦労もし、無駄なお金と時間もかかったが、今度は逆に完成直前の編集

ラッシュ段階の映画を見た彼らから、

「ぜひ、『協力：ゴーフォーブロー ク・エデュケーショナルセンター』のクレジットタイトルを入れて欲しい」

と依頼された。半分嬉しいような、しかし同時に「よく言うよな、あんた達……」という思いもこみ上げた。しかし映画のためには、彼ら442連隊のOB団体の協力クレジットが映画に入るのは、信用もついていいと考え、作成済みのクレジットを書き直してこの団体の名前を最後にエンドロールのクレジットタイトルに入れたのだった。

当初、ノー・ノーの人たちに出演してもらう自分の方針は変えなかったから、ゴーフォーブロークの協力は得られず、無駄なエネルギーとお金を使わなければならなかったわけだが、結果として442の元兵士たちも納得した出来となったので、完成披露試写会で、同席した出演者たちの元442兵士たちと、出演してくれたノー・ノーの人たちが笑顔で握手しあったという前代未聞ともいえるようなことも起こっている。

映画の中で、ダニエル・イノウエ議員が、「命をかけて戦場で戦った442の兵士たちも偉かったが、自分たちが正しいと思う理念のために、刑務所に入れられてまで政府と戦ったノー・ノーの人たちも、もっと偉い！」という証言をしてくれたのも、こういう結果を生む大きな理由だったと思う。

スティーブン・オカザキ監督

スティーブン・オカザキ監督

話を、映画『東洋宮武が覗いた時代』に戻すと、今述べた「ノー・ノー」の人たちのように否定するだけでなく、それ以上に政府のやり方の違法性に対し真っ向から立ち向かい、法廷で戦った日系人たちを描いたスティーブン・オカザキ監督の中編映画『アンフィニッシュト・ビジネス』も、『東洋宮武が覗いた時代』の中で少し紹介している。この映画は、政府が行なった強制収容の違法性を裁判に訴えた日系人たちを描いた作品で、アカデミー賞にノミネートをされるという評価も獲得している。ちなみに、その16年後の作品『デイズ・オブ・ウエイティング』という題の、日系人と結婚し、その直後に日系人だけが収容所に入れられ、外の世界で彼を待ち続けた白人女性の妻を描いた映画では、自分と同じ年齢の彼は、とうとうアメリカのアカデミー賞・短編映画賞を獲得した。

彼が取材撮影の時に語っていたのは、日系人は何事も「まあまあ……」と収めて、対立を嫌い、隣の人に同調する傾向があるので、隣の人が「強制収容がおかしい」と思いつつも、「仕方ない」と収容されると、多くの日系人も同調する傾向が強いということだった。しかし、この「アンフィニッシュト・ビジネス」で描いた3名の人は、そういう日系人にありがちな同調を優先するより、自分が正しいと思うことを優先し、政府にさえも自己主張を遠慮せずして、一旦は裁判で敗れても戦い続ける強さを持ったある面では珍しい日系人を描いていた。ちなみに当時は、政府への犯罪者であった彼らは、現在では生存してはいないが、逆に後になって政府から立派だった人たちと認定され、評価を高めている。

その後もオカザキ監督は、原爆を扱った『マッシュルーム・クラブ』や『ヒロシマ　ナガサキ』など、意義深いドキュメンタリーを発表し続けている頼もしい日系人の一人だと思う。ちなみに彼は日系三世である。

第2章

『442　日系部隊』

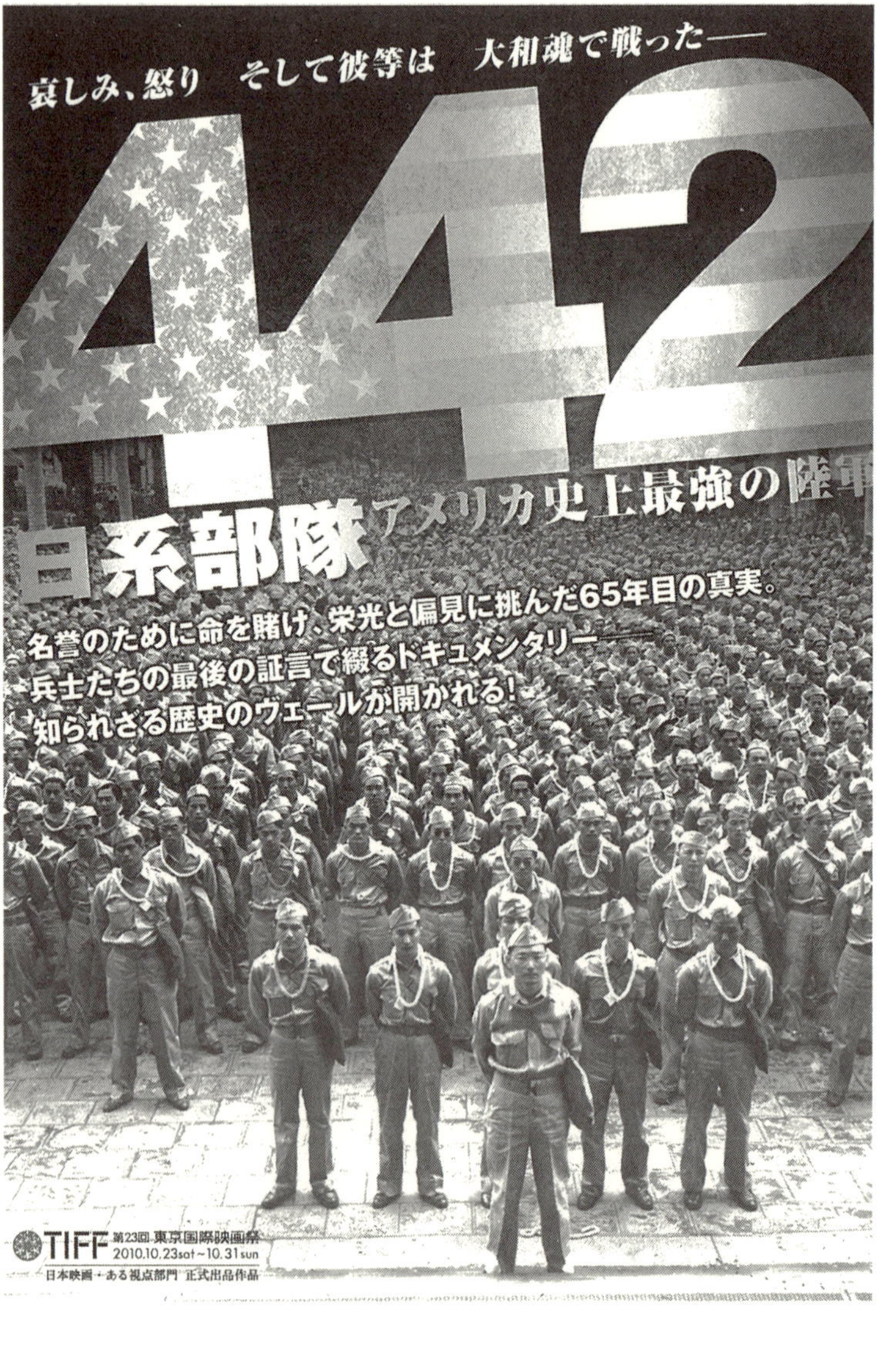
哀しみ、怒り　そして彼等は　大和魂で戦った——
442
日系部隊
アメリカ史上最強の陸軍
名誉のために命を賭け、栄光と偏見に挑んだ65年目の真実。
兵士たちの最後の証言で綴るドキュメンタリー——
知られざる歴史のヴェールが開かれる！
TIFF
第23回 東京国際映画祭
2010.10.23sat～10.31sun
日本映画・ある視点部門 正式出品作品

アメリカ国内での日系部隊の成立

戦争前もアメリカ国民たる日系二世などは、アメリカの軍隊にもちろんいた。しかし、真珠湾攻撃により太平洋戦争が起こると、彼らは一旦軍から排除され、あるいは軍の中で銃さえ持たしてもらえない無役の存在に落とされた。これは日本民族の子孫として敵国の日本に連携されるのを恐れた米国政府の考えであったのはもちろんのことである。

一方ドイツやイタリアは日本と枢軸側同盟国なので、戦争を開始した米国が、彼らドイツ・イタリアの系譜の人たちを同様の対象にしたかというと、それはまったくなかったから、ある面、この措置が人種差別といわれても仕方はないだろう。

しかし同時に、人種差別だけともいえないのも確かなことで、一方的に米国政府の人種差別政策だと批判するのも正しくはない。アメリカへの移民の新参組としてのアジア系に対して、ヨーロッパ系移民やアフリカ系移民ほど慣れていない米国政府が、過剰な恐怖感を真珠湾攻撃の惨害を見て感じたのも事実なので、日本人の子孫の日系人にある種の危機感を持ったのもわからないわけではない。つまり、「ある面では人種差別的ではあった」というべきだろう。

ともあれ日系人にとっては、この米国政府の措置は悪夢のようだったのは間違いない。

ハワイ大学の日系人学生たちの奉仕活動

アメリカ人としての自分たちの地位を確実にしないと、その後、アメリカで生活していくのも、ずっと差別的な待遇しか想像できないのはこの措置を見れば明白だった。

そこで、日系二世の若者たちは、自分たちも祖国アメリカのために、命をかけて働きたいと運動を起こした。

ハワイではVarsity Victory Volunteers（通称VVV）＝大学勝利奉仕団がそれで、ハワイ大学に所属する日系人の学生たちが、アメリカ国家のために、自分達ができることは無償で何でもしたいと、土木工事など何から何まで、奉仕的な活動を始めた。後々その団体の動きが442連隊への結成につながっていった。

一方、米国本土では、戦前に結成されて

いたJapanese American Citizens League（ＪＡＣＬ）＝日系アメリカ人市民同盟が、アメリカ社会における日系人の立場を良くすることを目標に、アメリカ政府への忠誠を打ち出した。そして、強制収容に対しても積極的に評価するという姿勢を示し、それが日系人の米軍への兵役に繋がっていった。

ハワイでの動きは、特別な対立を生みはしなかったが、後者のＪＡＣＬの活動は、日系社会に大いに反発と混乱を生み出している。

つまり強制収容によって、今までの生活を根こそぎ破壊され、農場や所有物もただ同然で処分して、収容所に行かざるを得なかった多くの日系人にとって、この強制収容を理に適ったものと思う人は少なかった。これに対してある面では、米国政府の手先のように、進んで強制収容を押し進めるＪＡＣＬは、日系社会の中では、特に一世や帰米の一部の人たち（反米国政府派）からは、「米国政府のイヌ」と蔑まれることも続いたのだ。

しかし、いずれにせよ、ハワイと本土でのこれらの活動も大いに力になって、日系人の兵役が復活することに繋がっていったのは間違いない事実だ。

100 大隊の訓練

１００大隊

米国軍本部は、まず戦争前まで軍に所属していたが、真珠湾攻撃の結果、除隊や軍にいても何もさせられずにいたハワイの日系兵士たちだけを再度集めて、１００大隊と名付けた部隊を作り、密かに本土に送って訓練を開始した。

１００大隊という名前を突如付けたこと自体、普通はあり得ない。困り果てた米軍本部がとりあえず付けた名前だった。名付けられた日系兵士たちは、ワン・プカ・プカ（イチ・ゼロ・ゼロ）と、半ば冗談なような名前で、自分達の部隊を自ら呼んだ。プカとはハワイでは「0」という意味である。

多民族で構成されたアメリカでは、一つの民族だけで何かをするのは本来あり得ないことで、軍隊でさえ基本は多民族で構成されるのが普通だった。この100大隊、そしてそれに続く442連隊は、ほぼ日系人だけで構成された極めて特殊な事例だった。それは、ある種の人種差別でもあったが、日系兵士の活躍の結果、日系人などの地位が上がったのも事実だった。他の民族も入っていた部隊なら、日系人の評価には結び付かなかっただろう。

JACL＝日系アメリカ人市民同盟

日系アメリカ人が、自分たちの権利を守りたいと日系二世の若者たちが中心に戦前に作った団体が、Japanese American Citizens League＝日系アメリカ人市民同盟、通称JACLだ。現在では、全米最大のアジア系人権団体として、活動を続けている。

真珠湾攻撃でアメリカ本土では日系人の指導者たちが沢山逮捕され、日系社会のトップがいなくなった。当時の日系人社会の指導者たちは、ほとんどが一世だった。彼らは、日本社会の慣習をそのままに、日本的な価値観でアメリカでの日系社会をリードしていた。

彼ら日系一世トップの人たちが逮捕されていなくなると、そこに入り込んだのが、二世たちが作ったＪＡＣＬだった。

ＪＡＣＬは、日系人たちを茫然自失させた米政府の強制収容に対し、逆に米政府と同調し、強制収容は必要だと主張し、日系社会の一部から激しい反発を受けていた。彼らはアメリカ政府のスパイだとも言われた。

マンザナ収容所で起こった日系人同士の殺し合いを含む激しい対立も、彼らＪＡＣＬなどのアメリカ派に対して、「それは違うだろう」という日本派が、殺害を企てたのだ。

ある面では、アメリカで日系社会の地位向上に貢献した最大の団体でもあったが、逆の面では、日系社会を分断させたことも間違いない。

戦争という敵と味方を二分する状態でＪＡＣＬの貫いた姿勢が間違いとはいえないものの、ある面での批判の対象になっても仕方ないだろう。しかし政治闘争となると、あの手この手を使わざるを得ないので、それが敵を作る原因にもなっているのも理解する必要がある。

つまり、彼らは自分たちに降りかかった矛盾に目をつむり、命をかけて今後の自分達のアメリカにおける日系社会のために戦ったという事実がある。

もちろんこの矛盾を見逃すことなく、政府を追及し続けた少数の人たちも日系アメリカ人の中にはいたが、その件は前にも書いた。

いずれにせよ、アメリカ政府に近づき、４４２連隊を生み出す大きな力となり、その後に日

シミズご夫妻

系社会のみならず、アジア太平洋系アメリカ人を代表する組織になり得たのは、評価されるだろう。

スティーブ・シミズさん

真珠湾攻撃のその日、攻撃される真珠湾の現場に溶接の仕事で偶然居合わせたのが、スティーブ・シミズさんだ。

映画『442　日系部隊』では、彼を主要な登場人物として描いている。

彼はハワイ出身の日系二世で、この映画の撮影時は閑静なオレンジカウンティ（ロサンゼルス南側の地区）の老齢者用の住居にお住まいになっていた。

10数年以上前の取材時は、89歳だった。その年齢にもかかわらず、奥様のドロシーさんとともに、とてもお元気にしておられた。

映画の冒頭は、ご夫妻でゴルフを楽しむシーンから始まっている。

日系人を描いた映画、特に442日系部隊を描いた映画は本当に沢山ある。実際に自分が作るに当たって、勉強のためにも可能な限りすべて見ようとして見尽くしたと思う。大雑把にいえばその半分以上は、劇場公開をするような作品ではなく、短編や中編の極めてプライベートな体験を描いた作品が中心だ。しかしその中の何本かには、一般公開をしたいと思われる映画もあった。

そうした作品の登場人物は、主に日系社会でもスポークスマン的な人たちで、「毎度お馴染み」の人なのに対し、僕の作った映画『442日系部隊』には、日系社会でもまったく知られていなかったシミズさんが主役級で出演していた。それは彼ら日系人にとっても半ば信じられないことではあったといえた。つまり「発見の価値ある映画」とアメリカの日系社会では思われたようだ。

彼だけでなく奥さん、息子さん夫妻やお孫さんも撮影に協力して出演してくれた。シミズさんはフランクな人柄でもあり、日系団体にもあまり関係ない人だったので、政治的な発言もなく、この映画にも観客が親しみを持てるようになったと思う。そういう意味では、得難い主要な出演者といえるだろう。

日系関連団体からの人ばかりが出ていると、442連隊の映画は政治的な色が見えてきてしまう。彼らがその組織でそれなりの地位を持ち、つまり責任もあるので、その組織の思想を体現した発言をせねばならなくなる場合が多い。シミズさんはまったく個人の意見だったから、『442　日系部隊』の映画を見て彼の語ることを聞く観客は、素直な気持ちで感情移入ができるのだ。

彼自身、欧州戦線での戦闘で酷い怪我を負っているが、それにも負けずに前向きに生き続けてきたのが、彼の語りでわかる。

そして奥様も、明るく明朗な語りで映画を明るい雰囲気にしてくださった。

映画は、このお二人の夫婦愛を感じさせ、戦争の悲惨さを見せながら温かい雰囲気で描かれたので、気持ちよく映画を見ていられると思うのだ。

ローソン・サカイさん

ローソン・サカイさんの娘さん・ジャネット・イトウさんから、映画『442　日系部隊』のもう一人の主要な人物である彼女の父のローソンさんの訃報が届いたのは、2020年6月のことだった。享年97だった。ちなみにジャネットさんは、リトル東京にある東本願寺の住職

ローソン・サカイさん

の奥さんとして、自分と同年代でもあり、多少親しくさせてもらっていた。彼女自身も日本の大学に留学した経験を持ち、日系社会とも大きな関係を持っている方だった。

『442　日系部隊』の映画が成立できた大きな理由の一つが、ローソンさんが主催する442連隊OB会の、フランスの戦場ブリエア地方再訪の旅に同行できたことだった。ローソンさんは元442連隊の兵士としてこの旅の責任者をしていた。

インタビューアー兼アソシエイトプロデューサーのエリカ・ジョーンズさんが、この旅に同行しようと提案してくれて、それを団長の彼が承諾してくれたので実現したのだ。

442連隊といえば、第二次世界大戦での欧州戦線で大活躍をし、米国軍史上で軍の規模と期間において最も軍功が多く、また犠牲者も多かった部隊として知られている。その主な戦場が、今回向かう予定のドイツとの国境に近いフランスのブリエアやボージュの森だった。

われわれ撮影隊は、チーフプロデューサー・寺坂重人、監督・すずきじゅんいち、撮影・小渕将史、録音・實川順也、照明・島田公一、インタビュアー兼アソシエイトプロデューサー・エリカ・ジョーンズ、そして監督の助手・妻の榊原るみの7人が撮影チームだった。

一方、元442連隊の兵士たちとその家族・友人たちの旅行団一行は、大型バス一台に乗る40名程の団体で、前に書いたスティーブ・シミズさんご夫妻と、彼らの息子さん夫妻とお孫さん達や、ローソンさんの二人の娘さん（先に書いたリトル東京の東本願寺の住職夫人であるジャネットさん、そのお姉さんで弁護士のジョアンさん）とその関係者なども参加していた。

われわれは、パリの空港でローソンさん一行の到着を待ち、一緒に今回の訪問地である彼ら442連隊の激戦地・ボージュの森のそばのエピナルというドイツ国境に近い街に大型バスで移動する彼らを、小型ロケバスに乗って追いかけた。

その日、彼らと同じエピナルのホテルに泊まり、翌日からほぼ連日、ローソンさん達442連隊の兵士たちが命をかけて戦った戦場を訪問する旅に同行するのだ。

沢山の442連隊の兵士から取材をしようとしてなかなか喋ってもらえず苦労したという話

が、今まで読んだ４４２関連の多くの本で書かれている。運よくというか、われらの撮影隊はその後、４４２の元兵士からじつに素直にあっさりと彼らの命をかけた体験談を伺うことができた。

その理由・原因が何だったかというと、人間関係が深いかどうかはないことはないだろうが、彼ら元兵士たちは家族にも、戦争の話はしないということをよく聞いていた、つまり、人間関係の深さ以上に大きな理由は、戦場を一緒に体験したことの有無だと感じるのだ。彼らが生死の境目を彷徨いながら戦った場所に一緒に立つことで、われわれへのある種の同志的な感情が芽生えたと思う。よくご家族が、父親は戦場の話をまったくしてくれない、というのは映画の取材時にも聞いていた。ローソンさんが語るように「人を殺した話や戦友が殺された話など、体験した者じゃないとわからない」ということなのだ。それも家庭の居間や食卓で、寛いでいる時にそんな話ができるわけがない！

まさにそれからの数日間、われわれ撮影隊は個人的なお話の撮影をすることはほぼなく、ただひたすら彼らの昔の戦場巡りを追い、撮影を続けた。

同じ宿に泊まり、同じ食事を一緒にとり、同じ戦場巡りを数日続けていけば、互いの人間性もわかってくるし、彼らがわれわれを信用してくれていると感じられてきた。

そうした彼らと一緒に同じ戦場に立つという戦場巡りの中で、次第に戦争時の彼らの体験や想い、思い出などが自然に語られてきたので、インタビュー撮影も順調に始められたのだ。

戦争後遺症（ＰＴＳＤ）

ローソンさんをはじめとした彼ら元４４２兵士たちの戦場での体験談は凄まじかった。まさに生きるか死ぬか……命があるのが本当に幸運であり偶然のようだった、という体験談も聞かせてもらえた。これらは、もちろん映画の中でも描かれている。

そして、彼らが皆一様に語っていたのが、戦争後遺症＝ＰＴＳＤについてだった。ベトナム戦争後、多くの元米兵たちが精神的な病で苦しんでいるのを医学的に研究し、「戦争における精神的なショックによるある種の心の病」をＰＴＳＤ＝戦争後遺症というようになったのだ。それ以後ＰＴＳＤが表に出るようになったそうだ。その戦争当時はそういう言葉はなかったが、まさに全員が激しいその兆候を見せているのが彼らの率直な語りを撮った取材映像からわかる。

ローソンさんは悪夢を長い期間見ていたが、それだけではなく上空に飛行機の爆音が聞こえると、全身が固まって動けなくなってしまう。戦後にローソンさんと結婚して彼がそうなってしまうのを隣で見た奥様が、彼を横にしてその話をされている。戦争時に敵機などの来襲に苦しめられたからに違いなかった。

ネルソン・アカギさん

また、その当時の話をしてくださったもう一人の映画の主役的な日系人ネルソン・アカギさんの体験談も凄かった。

彼は新婚当時、連日のように戦争の悪夢のＰＴＳＤで夜中に飛び起きて叫んだ。それが連日のように続き、それが原因で新婚の奥様と離婚せざるを得なくなっている。

この事実は、その後別の方と結婚し、そのお子さんたちにも今まで話していなかったことが、この映画の中で初めて語られ明らかにされている。

戦争とは人と人が殺し合うという異常な体験をするのだから、ＰＴＳＤになっても当然といえるだろう。しかし自分が見た今までの多くの４４２映画では、兵士たちの英雄像を描くばかりで、これらのＰＴＳＤを描いたものは見たことがなかった。

それゆえ、撮影がすべて終わり編集の段階で、ほとんどの登場人物がこのＰＴＳＤにかかっているのを知るにつけ、ＰＴＳＤついてはその専門家の方のインタビューもぜひ必要だと確信した。そして編集ラッシュを終えた後だが、特別にハワイのマウイ島に住むＰＴＳＤを研究している白人医師にロサンゼルスにおいでいただき無理して追加撮影し、編集もかなり変えて完成させた。

４４２部隊の英雄の代表たるダニエル・イノウエさんは、誰にもわかりやすい例でこの件について、

「たとえば、車で猫を轢いた時の嫌な感覚は忘れられないでしょう。人を殺したら、猫以上ですよね。……自分は沢山の人を殺している……その人数は言えないけどね」

そう語ると、なんとも言えない皮肉的な笑顔と言っていいか、苦笑いの表情を作った。

同じくアメリカ軍の最高勲章を受けているジョージ・サカトさんも、苦渋に満ちた表情で、「自分は沢山の人を殺したと思うが、それによってもらえた名誉勲章は、戦争で自分の国に帰れなかった、つまり亡くなった人たちのためのものだ」と、半ば涙を見せながら述べている。

欧州ロケの後、サンフランシスコ郊外の町ギルロイにあるローソンさんの奥様の実家の庭で

ジョージ・サカトさん

ご家族のインタビュー撮影をさせていただいた。
その実家は、少し前に漏電関係の火事で燃えてしまったそうだ。１９１５年サンフランシスコで万博が行なわれた時に、日本政府が建てた日本館だったのが奥様の実家だったという。それを購入し、サンフランシスコの万博会場から移築して住居としていた、文化財的建物だったそうだ。つまり、奥様のご先祖はかなりの大金持ちだったということだ。
ご先祖はギルロイというニンニクで有名な町を成立させたニンニク農家で、当時は全米のニンニク王といわれたそうだ。
ちなみにローソンさんの義理の兄（奥様のお兄様）は、マナビ・ヒラサキさんという方で、東洋宮武の映画でも出演していただいている。戦後イチゴ農家として大成功され、ロサンゼルスにある全米日系人博物館の中に、彼の寄付によって彼の名前を冠したマナビ・ヒラ

住まいの庭でのローソンさんと長女のジョアンさん

サキ・リソースセンター（図書館）を設け、そこは日系人関連の本や映像を集めている。日系人についての研究をするにはとてもいい施設だ。ちなみにマナビ・ヒラサキさんは、４４２連隊傘下の５２２野砲大隊の一人として第二次世界大戦に参加している。

日系人は、このガーリック王だけでなく、アメリカでの農業部門で大活躍をし、ライスキング（米作りの王様）やストロベリーキング（苺作りの王様）、グレープキング（ブドウ作りの王様）、ポテトキング（じゃがいも作りの王様）などと呼ばれるその分野で大成功した人たちも生んでいる。つまり、日本人の勤勉さもあり、農業国だった日本から移民した彼らが、成功する要素を元々持っていたともいえるだろう。

ヤング・オー・キムさん

４４２部隊の話を元の兵士からお聞きする時に誰もが口を揃えて絶賛するのが、韓国系日系人の４４２兵士ヤング・オー・キムさんである。残念ながら、自分がこれら日系人映画を作っている時は、すでにあの世に行っていたので、直接お話ししたことはなかったが、多くの人から彼の凄さは聞かされていた。

また、彼の功績を讃えて、ロサンゼルス市内のコリアンタウン（韓国人街）には、彼の名前を冠した学校もできている。

移民した彼の父は、ロサンゼルスのリトル東京に近い場所に店を出していたが、朝鮮系日系人として若い時から日本人や日系人からも含めて沢山の差別を受けてきたといわれている。

そして、戦争が始まる前に彼は軍役につき、その後、日系の１００大隊に入隊したが、上官は彼が朝鮮系アメリカ人であることを知り、朝鮮系と日系人とは仲が悪いので彼の所属部隊を変えようと提案した。その時、キムさんは、「彼ら日系人も私もアメリカ人であり、祖国アメリカのために戦うことに変わりはありません」と答えて、部隊を変わることを柔らかく否定したといわれている。

なかなかいい言葉だと思う。また彼の天才的な戦闘能力は、誰もが語ることだ。最もタフで恐れを知らず、しかも的確な判断で部隊を率いたキムさんを、日系人たちは真から尊敬しているのが、何人ものインタビューの端々で感じられたのだった。

まさに映画の主人公になりうる多くの葛藤を抱えながらヒーローとしての資質を沢山持った貴重な人物だったので、442連隊の劇映画を作るなら、彼を主役クラスの人物として描きたいと思ったものだ。

国立米国軍博物館よりヤング・オー・キムさんの写真

この映画が公開された少し後の2011年、この442連隊をテーマにした劇映画を作ってくれないかとの依頼が、ネットワーク大手テレビ局の子会社からあった。

「スポンサー（出資者）は、パチンコ屋さんですが、問題ありますか?」と尋ねられた。

「問題ないですよ。ただ、主要な役者たちを日本の俳優だけにするのはやめて欲しいと思います。日系アメリカ人は、アメリカで生まれ、英語で育った人たちだから、下手な英語は喋りません。日本の俳優でネイティブな英語を話せる人はとても限られると思います。だからその点だけは、リアリティがなくなると嫌なので、主要な４４２連隊の兵士たちを演じるのは、なるべく日系アメリカ人の俳優にして欲しいです。この点はご理解ください」と、僕は答えた。

これは現実的には、日本の有名俳優を出さないとＴＶにも売れないし、劇場でも観客を集められずビジネスにならないので、映画化を断っているに等しいと思ったが、単なる娯楽的な映画に日系人を扱った作品は作りたくなかったから、仕方ないと内心思っていた。そして残念ながら、やはり日本での４４２連隊の劇映画は作ることはできなかった。

ちなみになぜパチンコ屋さんが４４２連隊の映画を作りたいと思ったかといえば、それぞれの映画のキャラクターをパチンコの機械に活かせると思ったからだったそうだ。

テキサス大隊救出

前にも書いたが４４２連隊は、日本的な特攻攻撃に近い死をも恐れない攻撃でアメリカ軍の中でも異例の戦果をあげている。特に名高いのがテキサス大隊の救出だ（62頁参照）。

テキサス大隊は、アメリカの象徴ともいわれていた特別な大隊で、それがフランスとドイツの国境に近いボージュの森でドイツ軍に包囲され絶滅の危機に陥った。他の部隊による救援が何度か試みられたがいずれも失敗し、別の戦闘を終えたばかりの442連隊に救援の要請が大統領から直々に発せられた。直接に大統領から要請される救援要請、これはとても異例のことだ。

皮肉にも442連隊は、救援したテキサス大隊の人数よりもずっと多い死傷者を出したが、テキサス大隊の救助に成功した。

戦闘自体としては数字的に見ると意味のない勝利だったが、この戦績によって、日系兵士への見方が米軍の中で完全に変わっていったようだ。つまり異常に強い部隊として日系兵士たちは位置付けられたのだ。

アメリカ軍の戦史にも刻まれたこの激戦をはじめとしたいくつもの戦闘への貢献で、首都ワシントンのメインストリートで442連隊の栄光の表彰パレードが戦後に行なわれた。そして、それに続く大統領からの442連隊の兵士たちへの叙勲式で、ルーズベルト大統領の急死により副大統領から昇格したトルーマン大統領は、

「君たちは敵との戦闘に勝利しただけでなく、差別にも勝利した」

と、素晴らしい演説している。

しかし、これで日系人や日系兵士への差別がなくなったわけではなく、戦後も長く日系人た

442連隊の兵士たちを褒め称えるトルーマン大統領

ちへの差別は続いていたが、それをやめさせるきっかけには、この442連隊の活躍があったのだ。

アジア系移民を差別し、他の国の移住者には与えていた国籍をアジア系の移住者には与えないという法律を改めさせ、平等にさせる法律を作らせたのも、この442連隊の活躍が影響している。

ナショナルアーカイブ(国立資料館)

日系史映画を作るにあたり、ナショナルアーカイブ（国立資料館）所蔵の適当な資料映像を使いたいと思い、3本の映画を作るたび、ここに毎回つまり3回赴いた。首都ワシントンに近いメリーランド州にあるナショナルアーカイブは、誰でも自由に入館できて、自分で試写もできるシステムになっており、資料映像を探るには素晴らしい施設だ。

そして毎回行くごとに何十本も資料映像を購入し、コピーしたのを送ってもらった。そして驚いたことには、3回資料を請求したわけだが、毎度すべてこちらが依頼したのではない間違った資料が数本、送られてきた。これには怒り、呆れた！

近所にこのアーカイブがあるなら、文句を言いに行き、正しい発注品の映像を獲得できたと思う。しかし、アメリカの西海岸から東海岸まで行くとなると、往復だけで1泊2日、交渉の日程を入れれば最低2泊3日はかかり、それに旅費やら何やらが少なからずかかるのだから、諦めるしかなかった。送られた資料映像の9割以上のコピーは使えるので、諦めたというわけだ。

電話で文句を言えばいいじゃないかと思われるかもしれないが、電話では、埒があかないことは、長くアメリカに住んでいれば残念だがいろいろと体験している。こうしたいい加減な面もあるのがアメリカだとわかっているから、怒りながらも「仕方ない！」とも思っていたのも事実だ。

こうした低次元のミスがかなり多いのもアメリカなのだ。銀行でさえ、指定した現金を受け取る時に、きちんと再確認しないと、違った額の現金が渡されることさえ何度もあった。いやはや、これが最大最強の先進国アメリカの実態でもある。

ゴー・フォー・ブローク！（当たって砕けろ！）

米軍史上、最強ともいわれたこの日系アメリカ人部隊・442連隊の合言葉は「ゴー・フォー・ブローク！」だった。翻訳すると「当たって砕けろ！」となるだろう。つまり命を掛けて最後までやり抜け、という意味だ。これはある面で極めて日本的な発想だと思う。

欧米の発想は、「危険は最大限おかさず、安全を確認してから取り組む」のが合理的であり、理性的だと思われているが、日本が太平洋戦争に乗り出した発想は、まさに「当たって砕けろ！」だった。

その結果残念ながらというか、あるいは当たり前にというか「結局は砕けて負けてしまった」というわけである。

しかし、442連隊は死傷率314％といわれるほど、「大いに砕けた……」けれども戦果も大きかった。欧米の軍隊の常識を外れた攻撃（特攻攻撃）を仕掛ける442連隊の姿勢は、ドイツ軍なども大いに恐れた。

戦果を次々と上げ続けていく442連隊には、各地の米軍部隊から招聘要請が来て、当初は半ば差別され避けられていた連隊は、一躍人気部隊に変わっていったのである。

この「ゴー・フォー・ブローク！」とある面では逆の「仕方がない」という言葉も、日系人とのインタビューではほとんどの日系人から漏れてきた。

昔の日本人は「仕方がない」という言葉をよく使ったと思うのだが、それは台風や地震などが多い日本では、どうにもならないある種の諦めの言葉として口にされたのだと思う。

この言葉を使わない稀な日系人たちの記録映画を作ったスティーブン・オカザキ監督のことは前にも書いた。当時のアメリカの無条件に差別されて生きてきた日系人にとっては、この「仕方がない」という言葉は、ある種の日本的な無常観とも通じるものだったのかもしれない。

大和魂

もう一つ、取材した日系人から必ずといっていいほどに出た言葉が「大和魂」だった。これも現代の日本人の口にはのぼらなくなっている言葉だと思うのだが、ある面では、明治時代の感覚が残っている日系人一世に育てられた二世の心情には、この「極めて日本的な単語」が残っていたということだ。この大和魂で、彼らは特攻攻撃を繰り広げ史上最高の死傷率となり、また最高の軍功を数々上げることができたのだが、これもいい面と悪い面があるのがわかると

442連隊

思う。

翻って現代の日本人には「大和魂」の発想はまったく消えてしまったと思われる。それは、「大和魂」によって太平洋戦争に突入されてしまい、その反省も含めて使われなくなっているということはあると思う。同時に連合軍GHQの方針として、米国に反旗を翻されないために、最も危ない日本人の特攻精神を象徴するようなこの言葉を消そうとしたという側面もあると思うのだ。

しかし、それは米国人であり米軍人だった日系人にとっては進んで消す必要のない言葉だから、自然と口にのぼったのだと思う。

現代の日本ではあまり聞かなくなった

この言葉が、取材した多くの日系アメリカ人の口から自然と出てきたのは、日本人として驚きでもあった。

ちなみに１９６７年のボクシングの世界タイトルマッチを偶然テレビで見ていた時、ハワイ出身の日系三世・藤猛というボクサーが相手をノックアウトして世界チャンピョンになった時、「ヤマト魂！　ヤマト魂！」とリングの上で叫んでいたのを思い出す。

アメリカの医療の問題

突然、アメリカの医療問題に話題が大転換する。じつは、この映画『４４２　日系部隊』の完成後、４４２連隊のＯＢ会やその家族などが、ネバダ州のラスベガスにあるのになぜか「ホテル・カリフォルニア」（!?）に集まって同窓会的な会合を毎年開いているそうで、その会に招待された。映画を上映して講演もして欲しいとその会の主催者から依頼があった。

「喜んで参加します」と答えた。その数日後、ロサンゼルスからラスベガスに車で向かう途中、カリフォルニア州からネバダ州に入ってすぐ、交通事故を起こし、救急ヘリでネバダ州の病院に運ばれるということになった。同乗していた妻は、通常の救急車で運ばれたので、救急ヘリコプターで運ばれた小生の事故が、いかに瀕死の大変なものだったかご理解いただけると思う。

しかし、二人が運ばれた病院は、同じ病院であり、二人一緒にヘリコプターで運んでもいいのではないか、と今でも思っている。ちなみにアメリカでは救急車や救急ヘリなどの請求書は別々に来る。そして、その額は日本では考えられないくらい高額なのだ。

普通は無料の日本の救急車に慣れている日本人は、まずこの料金を取るアメリカの救急システムに驚かれるかもしれない。しかし、アメリカではたとえ医療であろうが何であろうが一番大事なのが「お金」なので、無料では原則的に救急車でさえ病人・怪我人は運ばない。

救急車や救急ヘリは、事故のために道で交通ストップさせられた方が呼んでくれたのだと思う。いまだに誰かは不明だが、ありがとう！

4日間の集中治療室から一般病棟に移り2日間そこにいて、合計6日間で退院した。救急へりで運ばれるような重体の病人を1週間足らずで退院させるのを日本的には不思議に思うかもしれないが、妻が胆嚢を手術した時は日帰りだったし、アメリカではなるべく入院期間は短くするのが常識なのだ。そうしないと医療費がバカにならないし、早く自立したほうが、身体のためにもいいともいわれている。

そうして退院した自分に日系アメリカ人を中心に、沢山の方から「絶対に医療費は請求書通りに支払ったらダメです。徹底的に値切るのですよ」と、アドバイスを受けたのだ。

医療は神聖で、値切るなどまったく発想にない日本人だったわれら夫婦だったが、アメリカ

ラスベガスのホテル・カリフォルニア

の医療を知れば知るほど、「値切る」のは納得の論理だった。それから日々、さまざまな請求書がわが家に到着した。さまざまとは、病院代・薬代・何人も関係する医者それぞれの人に別々に支払う費用・それと同様何人もいる看護師に別々に支払う看護師代・病院での食費などなど……ほぼ集中治療室にいて、自分の意識も定かでないものが、どんな医療を施されたかはわかりようがないから、言われた通りに支払うことになる。日本のように病院に一括して支払うシステムのほうが互いに面倒が少なくていいとも思うのだが、アメリカのラスベガスの大学病院では、すべてが別々に支払うようだった。

でも、何か腑に落ちないので、自分の入っている医療保険の会社の社長に、システムというか、料金設定などを聞いてみると、彼も「よくわからない」と言うのだ。つまり、ブラックボックスの中の医療費となる。

まず日本の人には理解し難いと思うが、アメリカの医療費用は異常に高額だ。入院の1泊の費用が普通100万から200万円はかかる。つまり4泊入院すれば、最低でも約400万以上～800万円前後が請求されるのだ。ちなみにこれは、一般病棟の料金であって、集中治療室となると、当然もっと莫大になる。これは一種のホテル代的な入院費であって、その他に、看護師の代金・医者の代金・病院食の料金・薬代金・など別々に請求される。額はすごく大きくなるし、それぞれの詳細が不明なので大いに混乱するしかない。半ば意識不明で入院させられた自分がどんな治療を受けたか、それに伴う費用を計算するなどまったく無理なのだ。

こんな高額医療費を支払える人は多くはない。そして支払えないならば、自己破産するしかない。全アメリカで自己破産をする人の半分以上が医療費用によっているという。

病院側にしてみれば、自己破産され、一文も支払ってもらえないよりは、値切られても彼らのギリギリの支払いできる額を支払ってもらいたいのは当然なのだ。たとえば今回の自分のほぼ1週間の入院費を含めたすべての医療費が5000万円だとして、自分は支払えないかもしれない額になっている。したがって、病院側からすれば支払えないからと自己破産されて一文も支払われないよりは、多少値切られても、確実に病人たちの支払える額の最大を支払ってもらえるほうが重要なのだ。

なぜアメリカの医療費が異常に高額なのかというと、裁判天国のアメリカでは、裁判が莫大な額の補償金というか負けた場合に支払う額を決めるのが常識なので、最悪の場合のその支払いをするために保険をかける。たとえば、5億円の医療過誤と思われる事案があった時、常識的にはほとんどの病院でそれを支払うと病院自体が破産するので、それを防ぐために保険をかけるのだ。毎月100万円を保険料として払えば、ある程度の額は保険金で支払われる。

その保険金を医療費に入れざるを得ないので、保険金を入れた医療費は高額になってしまう。つまり医療費が高額なのは、医療過誤などの場合に支払わなければならないお金が莫大になるので、そのリスクを少なくするためには保険をかけるのは仕方ないから、その保険金も必要経費になるのだ。

アメリカで生きていくにはつねに最悪のケースに備えなければならないので、保険が必要となりお金がかかる。その結果、医療でいえば、その代金自体が異常に高額になってしまう。

医療費についていうと、これはほとんど途上国の商売によくある取引と同じなのだ。つまり、相手の懐がどれくらいあって、どれだけ支払いが可能かで料金を決めていくというビジネスである。一応医療費の定価の額面として5000万円だとすると、患者側は2000万円までは支払えるが、それ以上だと自己破産するしかない。だから、値切る他はない。たとえば1000万円に支払額を減らして欲しいと値切り、それに対し病院側は3000万と大幅に減らし、相手に寄り添うが、とてもそれでは患者のほうでは支払いは無理なので、それでは2800万で、と病院側は支払い額を減らし、それで決着を希望する。それは無理だと患者側が言えば病院側はさらに譲歩して2500万円まで減らして、相手の支払い可能な額を探る。それも患者側は無理なので、では自己破産します、と言えば、仕方なく病院側は2000万円に請求額を減らさざるを得ない。

これは昔住んでいたモロッコで経験した絨毯売りの方法とまったく同じなのだ。お客さんと絨毯売りが、互いの希望額になるように交渉し合うのと、同じシステムなのだ。つまり先進国の筆頭アメリカが、医療費についてはほぼ途上国と同じビジネスをしているということなのである。

われわれ夫婦はアメリカの永住権・いわゆるグリーンカードを獲得し、当時はアメリカに永住するつもりでもあったが、この医療システムを知れば知るほど、この国には居られないという思いが強くなり帰国したわけだ。

アメリカに永住を希望する日本の友人・知人から質問をされるが、いい点も沢山あるアメリカだが、医療に関していうと、

「若い元気なうちはいい国かも知れないが、年取って、病気がちになった時はどうにもならな

くなりますよ。それを考えると永住しなさいとはあまりお勧めできません」と答えることになり、結局諦める方も少なくはなかった。

ちなみに自分たちが支払った額を正確には覚えていないが、掛けていた健康保険でかなりがカバーされたので自己破産は免れたのだ。

アメリカはつくづく保険会社と弁護士の国だと思う！

つまり万が一に備えて保険を掛け、そしてトラブルとなったら弁護士に依頼して解決してもらう。アメリカ社会で生きていくためには仕方ないシステムだろうが、まったく有り難くないし、その当事者の弱みにつけこんだシステムともいえる。日本的に考えると弁護士は正義の味方的な発想だが、それはとんでもないことで、ビジネスの味方でしかない。もちろん、正義の味方の弁護士がいないとはいわないが、一般論でのアメリカの弁護士の話なのだ。

日本がこうしたシステムになりつつあると悲しいかな実感しているのは残念だが、なまじアメリカについてかなり知ってしまったためだと思う。アメリカがある種のアメリカの属国的な日本に、これらアメリカの保険や医療の制度を持ち込みビジネスにしようと思っていることが実感されるこの頃である。

ポール・テラサキさん

われわれ夫婦がロサンゼルスに住んでいた当時の日系社会ではおそらく最大の資産を持っているであろうと思われる人が、ポール・テラサキさんであった。UCLA（カリフォルニア大学ロサンゼルス校）の名誉教授として、アメリカのみならず、世界の医療に貢献し続けた立派な医療関係者だった。

臓器移植の際の免疫反応をなくすという特許を持っているので、そのために臓器移植がどんどん盛んになっている現在では、彼の特許は必須のものである。つまり人間の体は基本的には免疫によって異物が入ると防御する体制になっているので、他人の臓器などを移植しても免疫反応で拒絶するのが通常なのだが、ポールさんの特許は、それをなくすものだそうだ。そのために、特許を持つポールさんには臓器移植の手術のたびにお金がどんどんと入ってくるらしかった。

必ずしもロサンゼルスの通常の日系人は日本人と仲がいいとはいえないが、彼は日系アメリカ人の中では珍しく、日本人や日本に親近感を持たれていた方だった。ロサンゼルスへの日本人医学留学生などへの支援もしていた。その一端としてか、僕ら夫婦にも親しくしていただいた。

日系史映画三部作の最初の『東洋宮武が覗いた時代』をご覧になって、それが気に入ったのか後の2本について、彼は資金面で支援してくださった。

彼と親しくなったキッカケは、映画『東洋宮武が覗いた時代』の試写に多くの日系アメリカ人でロサンゼルスにお住まいの有力者をお呼びした時で、試写に来られていた一人がポールさんだった。戦争時代に強制収容所の収容者だった彼は、今見た映画に対し皆の前でこの映画の批判をされたのだった。

「映画を見た人が、現状の映画では日系人の多くが徴兵に反対した人（ノーノーボーイ）だと思われてしまうから、どのくらいの人が反対したのか、キチンと映画の中で言わなかったのは問題だ」と、主張されたのだった。確かにキチンと%を表現はしていないが、映画を見てもらえれば、ノーノーボーイたちが少数派だったと思われる表現をしたつもりだったが、言われてみれば曖昧なのは間違いない。

しかし、当時自分は彼が僕の映画が嫌いなのだと単純に思っていた。

だがこれがキッカケになって、彼は僕の映画を支援しようと思い始めたようだった。

「資金は出すから次の映画にダニエル・イノウエさんを描いて欲しいので、考えてくれ」と言われた。もちろん、ダニエルさんはアメリカでの日系社会の最大のヒーローだったから描きたいとは思っていたので嬉しい申し出だった。

そこでポールさんには、

「ぜひ、ダニエルさんを主人公にした映画を作りたいのですが、これは簡易なテレビ番組風にはしたくはない。もし彼を主人公として描くなら、週3〜4日はほぼ一日中近く彼と一緒に行動させてもらい、ほぼひと月は彼の取材させてもらえれば嬉しいのですが」と答え、ポールさんにボールを投げ返した。

政治活動にも資金は必要であり、じつはダニエル・イノウエさんの資金面での支援者はポールさんだったから、ダニエルさんもある程度は考慮してくれるはずだった。

しかし、残念ながら「とてもそれは無理だ」と、返事が来て、ダニエルさんの映画を作ることはで

ホール・テラサキさん

きなくなった。そこで、次善の策として第二作はダニエルさんも参加し、大ヒーローとなった442連隊の映画を作ろうとなったのだった。

その映画についてはまた後で述べるので、ここではアメリカの医療の酷さを追加で書かせてもらう。

ポールさんが病に倒れ、ロサンゼルスでは最も良い病院として信頼されているシーダーズサイナイというユダヤ系の病院に入院された。そこで、ポールさんとも親しいそのシーダーズサイナイ病院の医者でもあった東大医学部を出て日本でもアメリカでも医者の資格を得ていた知人の日本人医師がお見舞いに行こうとしたら、病室に入れてもらえないという。彼は自分もその病院の医者なのに、ポールさんの病室に入るのをポールさんの担当医の白人医師に拒否されたという。

なぜかというと、大富豪のポール・テラサキさんという患者さん＝素晴らしいリッチなお客さんを、ライバルの同じ病院の医者に奪われてはならないというリスクを除くために、その白人の医者は、ポールさんの知人の日本人医者をポールさんの病室には入れないようにした。

「これがアメリカですよ。アメリカの医療の酷さですよ」と、その知人の日本人医者はおっしゃっていた。

ポールさんは、２０１０年に母校のＵＣＬＡの医学部に50ミリオンダラー（当時は約50億円）の今まででは最大の寄付をして、大学もそれに感謝して、そのお金でテラサキ・サイエンス・メディカルセンターという立派な医療ビルを学内に作った。その医療ビルの披露会に、自分もポールさんから呼ばれてＵＣＬＡのその立派な新築ビルに行き、式典に参加させていただいた。

アメリカではこうした公的な寄付には税金の控除があり、大富豪が寄付をするのは、単純に税金で支払うよりは社会的な意義あることに寄付したお金を使ってもらうほうがいいという発想になる。だから大学やらこうした公的な所に寄付することはビジネス的にも大いにあり得るベターな方式なのだ。

２０１６年、ポールさんは86歳で亡くなった。彼の奥様もポールさんと同じ日系アメリカ人でＵＣＬＡの卒業生だ。教育学部出身で、美術を教える方面が専門だったと思う。ポールさんは、そういう奥様の思いを尊重し、ピカソなど含めて有名画家の絵画を沢山集めていた。

一度、ポールさんのお宅に伺った時に、その凄く長い廊下に掛けられていた歴史的にも超有名画家たちの沢山の絵画に驚いた。すべてを集めれば、桁違いの額になるだろう。

そんな奥様も数年後にポールさんの後を追った。

アメリカ社会の良さ・美点

アメリカは分断が激しくなって昔のようではなくなったというネガティブな声もよく聞く。そればかりではなく、まだまだチャンスの国だという言葉も完全に消えたわけではないから、世界から多くの移住希望者が集まっている。実際に世界のお金がアメリカに集まるのは、まだ世界最大の強国であり、産業も世界の他の国よりも一般的に進んでいるからだ。

『442　日系部隊』の撮影で出演し、いろいろとご協力いただいた人たちは、そうしたアメリカの素晴らしい面を語っておられた。

太平洋戦争の勃発に伴う強制収容というネガティブな面から出発しなければならなかった彼らだったが、ポジティブな面をなるべく見据えて語ってくれるから、聞いているわれわれも気分が良くなるのだ。また、そうした精神がないと、アメリカに限らず、どの国でも成功は難しいだろう。

取材させていただいた方が、すべてアメリカ社会での成功者とはいえないだろうが、概して前向きな精神を持ち、社会的な貢献＝誰でも可能なボランティア活動を80代・90代になっても行ない、家族関係も素晴らしいと実感できた方たちだった。経済的な成功かどうかは別として、人生の成功者だと実感され、そうした人々の人生の一面を描いたこの映画が、観客を前向きな気持ちにさせてくれる気持ちの良い作品になったのだと思うのだ。

つまり逆にいうと、アメリカで成功する、いやどの国でも成功できる人たちは、「1、すべてにおいてネガティブな面をあまり気にせず、ポジティブな面を考え、2、社会的な貢献、つまり社会との関わりを老年になっても持ち続け、世の中のために、少しでも貢献しようという精神を持ち、3、一番長く人生で時間を共にする家族と信頼関係・愛情関係を持てるからこそ、他の人や社会とも同様の関係が築ける」という人たちだったと思う。これはわれわれ誰もが、実践すべき精神であり、行動だと強く思う。

こういう精神がまだ生きていると感じるのがアメリカ社会であり、それが力強いパワーとなってアメリカを発展させ続けているのだと痛感している。この前に書かせてもらった日系アメリカ人は、まさにこうした精神を感じさせてくれたし、だからこそ、この映画を気分良く見ることができたのだと思う。

ダニエル・イノウエさん

前に何度もお名前が出ているが、442部隊といえばまずこの日系人を挙げなければならない。以下はダニエルさんの略歴のほんの一部である。

イタリア戦線において1945年4月21日に少尉に昇進していたイノウエが小隊を率いてドイツ軍の堅固な防衛線を攻撃した際、36メートルほどの至近距離から三挺の機関銃から射撃を受けた。イノウエは腹部に銃弾を受けたが、手榴弾と短機関銃で二挺を撃破し、倒れ込んでもなお攻撃を続けた。イノウエが最後の機関銃座ににじり寄り、手榴弾を投げ込もうとして右腕を振りかぶったところ、ドイツ軍兵士が発射した小銃擲弾がその右腕に命中、炸裂はしなかったものの、腕はわずかな腱や皮膚を残して切断寸前となった。イノウエの手榴弾は安全ピンが抜かれてはいたが、右手の指が安全レバーを握りしめた状態だったため未発火であった。

戦友たちはイノウエを助けようとしたが彼はそれを押しとどめ、右手の手榴弾を左手でもぎ取り、機関銃座の銃眼に投げ込んで炸裂させた。その後、千切れかけた右腕をぶら下げたまま、イノウエは左腕一本で短機関銃を操ってなおも戦闘を続けたが、左足にも負傷して昏倒した。

野戦病院で右の下腕を切断され、護送された彼は1年8カ月にわたってミシガン州バトルク

ダニエル・イノウエさん

リークのパーシー・ジョーンズ陸軍病院に入院したものの、多くの部隊員とともに数々の勲章を授与され帰国し、日系アメリカ人社会だけでなくアメリカ陸軍から英雄としてたたえられた。

彼は日系社会の最大のヒーローであり、ハワイ州選出の上院議員として長期の議員生活を送り、上院議員仮議長として副大統領、下院議長に次ぐ、第3位の大統領が亡くなった時の継承者であった。

つまりアメリカ政界でも大きな影響力を持っていたのがダニエル・イノウエだった。

自分の日系三部作映画すべてに出演してもらったのは、ダニエルさんだけである。それほど、日系史においては最大級の重要人物だと思っていた。

まず言葉が最大の武器である政治家で、アメリカの政治の世界で最も経験豊富なダニエルさんの話（もちろん英語）は、古典落語を語る名人のようで、その間のあけ方や強調する部分の上手さなど、惚れ惚れとするほどだった。

しかし、この話術も結婚後に最初の奥様から「話し方がイマイチだから話の稽古に行くように」と指導的な提案をされて、話し方教室に通い、そうした努力の末「話のうまさ」に到達したそうだ。

自分の日系史三部作映画では、アメリカの上院議員なども多数取材をしたが、特筆して話が名人級に上手いと感心したのが、このダニエルさんと2度の閣僚経験のあるノーマン・ミネタさんだった。ダニエルさんよりひと世代若いノーマンさんは、太平洋戦争ではなく朝鮮戦争には参戦しているそうだ。

ノーマンさんの名前もダニエルさん同様、地元のサンノゼの空港が彼の名前をとってノーマン・ミネタ空港と名付けられている。

欧米では、その地区に貢献した人の名前を冠した道などがある。自分の映画でいえば、リトル東京には東洋宮武通りがあるし、フランスの４４２連隊が活躍したブリエアには、４４２連隊通りがある。

ノーマン・ミネタさん

日本にはない習慣だが、あってもいい気がする！

最近、講談・落語・浪曲という日本の語り芸をよく聞いている自分は、話芸というものに大変興味を持っている。つまり基本的には同じ話をしている古典を話す（語る、あるいは唸る）彼らは、誰が語っても同じ物語としてまったく話に違いはないが、その面白さには雲泥の差がある。それは何かというと、語る人の人間の深みの差だと痛感するようになった。つまり前座や二つ目の語るのは、彼らが人生の修行が足りないので、いまひとつ面白くならないのに比べ、名人級の師匠が語ると同じ話でも何とも言えない味が出てくるのは、じつは演じる者の人間的な魅力が出てくるからだと思うのだ。つまり、日本の語り芸は、その演者の生き様を見にいくということだと思う。

これと同様に、ノーマンさんやダニエルさんの話が面白いのは、もちろん、テクニックも上手なのだが、それ以上に人間力が強いのだと思う。だからこそ、アメリカでも閣僚になったり、重要な役職を任されたりしているのだ。

第3章

『二つの祖国で　日系陸軍情報部』

「442日系部隊」に続く、衝撃のドキュメンタリー
日米両国で差別された
日系二世。
太平洋戦争に翻弄され、
そして…
兄弟が敵味方に分かれて戦った―
二つの祖国で
日系陸軍情報部
25th TIFF
東京国際映画祭
公式出品作品
企画・脚本・監督：すずきじゅんいち
www.mis-film.com

秘密情報部ＭＩＳの知られざる役割

太平洋戦争が真珠湾攻撃によって起こるかなり前から、アメリカは日本との戦争は避けられないという見方をしており、そのために専門の兵士を作ることになった。それが陸軍秘密情報部（Military Intelligennce Service、ＭＩＳ）である。サンフランシスコ湾の金門橋の望める、とても良い立地に、開戦の５週間前にできた倉庫のような大きな建物を転用した養成学校に密かに集められた日系人たちへの授業が始まった。

集められた日系人の若者たちの多くが、いわゆる「帰米」といわれる人たちだった。

帰米とは、アメリカで生まれたが、日本の親の実家などに日本の言葉と習慣などを学ぶために留学させられ、勉強を終える年齢になるとアメリカに帰された日系アメリカ人である。つまり彼らは日本についてかなりよく知っている人たちだった。彼らは、日本を第二の故郷という思いもありつつ、日本では「アメリカ人」と言われて差別され、アメリカに戻れば、「日本人」と差別されるという複雑な思いを抱いた人たちでもあった。

秘密情報部は、家族にさえ内実を語ることは法律で禁止されていたので、家族のみならず世間でも知られておらず、今まで文字や映像でもあまり扱われていない。

彼らこそ、この本のテーマにもなる両国の裏側の存在であり闇でありつつ、両国の架け橋となった人だった。そして、両国の矛盾を一身に背負った人たちだった。

日本の人たちにぜひ知ってもらいたいのは、この日系陸軍情報部の人たちの働きが、戦後の日本の復興へ大きく貢献したという事実である。戦後、GHQに占領された後、日本の急激な復興が可能だったのは、アメリカと日本の間に立った、ある面では「日本人」であり、国籍は「アメリカ人」であった日系アメリカ人のお陰でもあったのだ。このことを今まで指摘した事例はないと思う。

占領軍の中では裏面的な行ないをするある面では評判のよろしくないキャノン機関などの諜報などを担当する参謀第二部（G2）と、性格上同類でもあったので、MIS関係の人も戦後はそこに移行していった人も少なくない。キャノン機関はかなり法律ギリギリのことを実行する機関でもあったから、危うい仕事も、G2のもとで元MISの人たちはさせられていた可能性も少なくはないとも思われる。しかし、彼らがいたお陰で、日本人との関係も白人たちとの緩衝材的な役割にもなっていたとも思われるのだ。

ちなみにGHQの中で、このG2と半ば対立関係にあったのがGS（民政局）である。比較的社会主義的な思想を持つ人の多かったGSは、戦後の初め頃はGHQの中では主流派で、したがって憲法も含めて日本の戦後政治ではかなり左寄りの政策を指導し、日本に左寄りの方針を取らせていた。1949年の共産主義中国の成立やソ連の影響力が強まり、日本でもゼネストが起こりそうになった。つまり、日本がかなり左（ソ連など社会主義・共産主義国）にブレた傾向が強まると、米国としては、世界情勢の中で日本を左側の国々への対立国にしないとまずいという力が強まっていった。つまりアメリカの防波堤に日本をさせるということである。そこでGSの力が削がれ、G2が力を強めていき、朝鮮戦争が起きると、G2が主流になっていったのだ。

ちなみに、GSの中にはソ連の共産党と密かに繋がっていた人も何人かいたともいわれている。

「帰米」といわれる若い時期に日本に留学し、日本語はもちろん、日本人の独特の性向や、その風習、傾向などを学び、体験してきた日系アメリカ人は、秘密情報部員として、日本との戦争では、表には出ずに背後で重要な役目を果たした。そして、彼ら日系アメリカ人のお陰で、アメリカは日本との戦勝を2年早めることができた、と公式にアメリカでもいわれている。

彼らの多くが、戦後は日本に占領軍としてとどまり、日本の知識や経験もない白人を中心とした占領者のアメリカ人たちに、日本や日本人の的確な情報を与えた。また占領された日本人には、同じ日本人の顔をした、ある面では付き合いやすい人たちとして、占領軍の中では占領政策を的確に行なう先頭の人として、大いに活躍したのだ。

最近の例でいうとアフガニスタンやイラクなどはアメリカに占領されたが、その後の復興が順調だとは必ずしもいえないのは、日系アメリカ人的な人を欠いていたからだと思う。

つまり、日本の戦後の素晴らしい復興はいくつかの要因はあったとは思うが、「日本とアメリカの間に立って仲介した日系アメリカ人たちの貢献」が大きかったと思うのだ。あまり語られなかったこの事実を、日本人も再考してみることが大事ではないかと思っている。ところが、元々が秘密情報部員だったから、彼らの行動が表に出ることは戦後の数十年は禁止されていたから、あまり彼らのことは知られていないのだ。

この秘密情報部員となった彼ら日系人の心の葛藤は、欧州戦線で戦った442連隊の人たちと比べると、もっと重く深いものがあったのは間違いない。つまり敵国日本が身近な故郷的な存在であり、一緒に日本の学校で学び一緒に遊んだ日本人たちと戦わなければならないという苦悩もあったはずである。映画『二つの祖国で　日系陸軍情報部』ではこの点も描いているが、実際に兄弟同士、日米で分かれて戦ったという事例も少なくない。

アメリカ兵だった帰米の人と、その弟でまだ日本にいる時に戦争になり、日本兵になった両者が戦後再会した後、日米の善悪を言い募り、殴り合いになりそうになって、親が止めて喧嘩は収まったなどという証言も、映画では描かれている。また戦後に捕虜となった日本兵をアメリカ陸軍秘密情報部員である日系アメリカ人が尋問しているうちに、その日本兵がアメリカから自分の父の故郷に来ていた時の幼馴染であるのが次第にわかってきて、最後は互いに抱き合い泣き合って再会を喜んだという証言もされている。

スパイと武士道

秘密情報部員とは簡単にいえばスパイである。情報を得てそれを糧に有利に戦いを進めることを主眼にしている。一方、日本はスパイ的な行為を嫌う傾向がある。

その代表的な言葉が武士道だ。正々堂々、真正面から嘘偽りを言わず、互いに名乗り出て戦うのが、武士道だといわれ、スパイとは真っ向反対の発想だ。

こういう発想を好むのが日本人だから、スパイ的な行為は嫌われる。戦争では情報が極めて重要だという認識がないわけではないにしろ、かなりないがしろにされがちで、「正々堂々」の武士道的なほうを尊ぶ。

日本ではスパイ的な軍の機関として陸軍中野学校が作られた。彼らは普通の日本人が禁じられた英語を使うのも許可され、軍服も秘密情報部員だからと、身分を隠すために着用しないように指導されていたそうだ。

アメリカのＭＩＳ（ミリタリー・インテリジェンス・サービス）も、同じ秘密情報部員だったから、軍で同様の役割を持っていた。日本の陸軍中野学校は、その活躍をする場所も時間も限られていたのに反し、アメリカの秘密情報部員たる彼らは、軍の上層部が当初はまったく期待しなかったが、太平洋戦線で数々の軍功を上げた。これを見て、日系人のＭＩＳへの動員を増やし活動を活発化させていったという。

ちなみに陸軍中野学校内では、天皇制批判などを自由にしても罰せられることもなく、ゴリゴリに凝り固まった日本軍の発想とはかけ離れていた、ある面では自由な組織だったということをいろいろ勉強する中で知った。もっと早くから活動できていれば、ことによると彼らのお陰で戦争には至らなかったのではないかという気さえする。

でも、残念ながらスパイを嫌う日本人としては、彼らはあくまで影の存在なのだ。彼ら陸軍中野学校出身者の発想は欧米的であり、自由であり、日本軍的な教条主義ではなかったので、勝ち目の少ない戦争をどうやって避けていくかも考えられたと思うのだが……。

日本ではスパイが「悪」という発想が根強くあるから、陸軍中野学校もネガティブに思われているが、自分は必ずしもネガティブばかりではないと思っていることは読者にもお伝えしたい。それが、このＭＩＳの評価とも繋がっているのだ。

前に触れた（70頁参照）鈴木大佐のビルマ独立を達成させた南機関という鈴木大佐を筆頭とする兵士たちは、陸軍中野学校の出身だったとのことだ。鈴木大佐は中野学校ができる前に軍に入りそれなりの地位を得ているので、中野学校とは関係ないのだが、かなり発想は中野学校的にスパイ的な融通無碍な面があった気がする。


「スパイ」を好まないという発想は、日系アメリカ人たちも持っていたようで、この映画『二つの祖国で　日系陸軍情報部』で取材した二世たちも同様の言葉を残していた。

「情報で戦うよりも、銃を持って戦いたい」と、ＭＩＳにリクルートされた時に、帰米の二世たちは語っているのだ。彼らはＭＩＳにいかされるのを防ごうとして日本語が喋れないふりをしたと、何人もの人が語った。彼らは帰米は流暢な日本語が話せるので、ＭＩＳには最適なのだが、彼ら帰米は、わざと秘密情報部員にさせられるのを防ぐために日本語が喋れないふりをしたという。

日本人の一世に育てられた彼ら二世の発想も、かなり日本人的で「情報戦が主たる陸軍秘密情報部よりも、武器を持って正々堂々と戦う４４２連隊のほうがいい」ということなのだ。

こうして「うまく（!?）」陸軍情報部にいくのを免れ、４４２連隊に入って欧州戦線に参戦し、命を賭けた戦いに挑んだ人たちもいたが、しかし、かなりの帰米の人たちは、日本とのある種スパイ的な戦いとなる太平洋戦線に日系陸軍情報部として入ったのだった。中には４４２連隊に入って欧州戦線で働いていたが、日本語がかなり上手いのがわかると、日系陸軍情報部にスカウトされて異動させられる人も何人もいた。

長年の隣国などとの戦争を体験しているヨーロッパ各国や、そこからの移住者で成立したアメリカなどでは、情報戦の大切さや情報が生死の分かれ目になることを、身をもって体験している。たとえばアメリカでは日本との戦争が不可避になると思われる頃から、日本語教育を必死に一部の兵士たちにし始め、日本の情報を沢山取ろうとしてきた。

それに反し日本では、対米戦争が身近なものになってくると、逆に英語を普通の国民や軍人には使わせないようにして、野球でさえ、ストライクやアウトなどの英語も全部日本語に直して言わなければならなくなっていた。これは、両者の対比としてわかりやすい。

この情報戦への弱さというか考えの浅さは、われわれ日本人の相変わらずの弱さだと自覚すべきだと、つくづく現代でも思うところである。武士道的な正々堂々もいい面もあるし、立派でもあるが、やはり情報がその前にすべてを決めてしまうという現実は直視しなければならないと思うのだ。

グラント・イチカワさん

多彩な人材

ＭＩＳの人たちは、情報部だけにインテリの割合が４４２連隊などと比べると多かったと思う。また、日本語が上手な方が多いので、日本との関わりも戦後も持ち続ける人も少なくなかった。取材させていただいた代表的な人物をここに簡単に書きたい。

グラント・イチカワさんは取材当時92歳。

戦前にエリート大学カリフォニア州立大学バークレー校を卒業し、高齢でも頭も極めてシャープ。日系退役軍人協会の幹部として活躍。国家からＭＩＳが軍として最高の勲章である名誉勲章を受賞した時には、元日系兵士協会代表

トーマス・サカモトさんの撮影風景

者としてアメリカの国会議員たちから、その勲章を受けている。
亡くなっている奥様もＭＩＳの一人だったという。

トーマス・サカモトさんは、当時93歳。

カリフォルニアのサンノゼに住む彼は、取材の直前に新車のレクサスを買ったので、サンノゼ辺りに住む日系人の友人からは、新しい恋人ができたに違いないと、からかわれてもいた。つまり93歳を過ぎても色気たっぷり、ということなのだ。映画の中では彼がその車を93歳で立派に運転している姿も描いている。

車社会のアメリカでは、社会で生きていくためには、ニューヨークやサンフランシスコなどの狭い地区に人口が集積した大都市以外では、車を運転しないと生きていけないという事情があるので、90歳でも100歳でも元気なうちは、車は必須のものなのだ。

彼はMISの学校の一期生であり、優秀だったので卒業後すぐそこの教師になった。教師では飽き足らないと前線に行かせてもらい戦場の苦労も散々舐め、戦闘の大変な苦労も語っている。またマッカーサー将軍が厚木基地に到着する時には出迎え、また原爆が広島に落とされたすぐ後に、連合軍の記者たちを通訳として案内するために広島に同行し、その衝撃的な光景に記者たちが息を呑むのを実際に間近で見ている。また、通訳の一人として戦艦ミズーリで、マッカーサーと重光葵など日本代表団が降伏の調印式を行なうのにも立ち会っている。エポックメイキングな場所にいろいろと関係した方だ。

ハリー・アクネさんは取材当時91歳。

弟のケンさん88歳も同じMISだった。

弟のケンさんは、カリフォルニアでの日系社会のスポークスマン的な方で、他の日系関係の映画などにもよく出られていた。

当時、鹿児島の父親の故郷にアメリカから帰って来ていた弟たちは、太平洋戦争が勃発してしまい、アメリカに戻れず、そのために日本軍人となった。戦後、ハリーさんとケンさんが、

ハリー・アクネさん（左）とケン・アクネさん（右）兄弟

日本に滞在している時、その日本軍人だった弟に再会したが、兄弟で日米の軍について言い争いになったとエピソードを語っている。

映画の編集が終わろうとする頃に、この映画の主要登場人物として数日間の撮影をさせていただいていたハリーさんは、天寿を全うされた。編集もそれに従いかなり変えている。

フランク・ヒガシさんは当時92歳。

彼がＭＩＳ兵士として沖縄に戻った時、痩せ衰えた父と再会し、思わず父を抱きしめると、父は泣き出し、彼も泣いてしまったという。そして弟は帰米できずにまだ沖縄にいたので、中学生の身分で正規の日本軍人にはなれず、鉄血勤皇隊として銃を持ち兄たちの米軍と戦い負傷したという。まさに帰米の人たちが陥る悲劇を

フランク・ヒガシさん

体験しているＭＩＳの兵士の一人だ。
彼をモデルとしてフジＴＶで放送された帰米の日系アメリカ兵とその家族のドラマを、たまたま帰国していた２０１１年夏に偶然に見ている。フジテレビのドラマ『最後の絆・沖縄～引き裂かれた兄弟～鉄血勤皇隊と日系アメリカ兵の真相～』というものだったが、一部ノンフィクション部分もあって、彼も出演していた。

映画のオープニングから登場するハワイのマウイ島に住むタケジロウ・ヒガさんは、当時88歳。兄のウオーレンさん91歳もＭＩＳの兵士。

故郷である沖縄とアメリカの間で揺れる彼の生き様が、映画の主軸として描かれた。

母の故郷沖縄に2歳で来日し、沖縄に15年ほど長期間滞在し、ハワイに戻った頃は英語より日本語のほう

タケジロウ・ヒガさんと奥様。真珠湾攻撃日の記念行事にて

がネイティブだったので、他のMISの学校の生徒たちがMISの学校で日本語を必死に学ぶ時には、彼は一人英語を学んでいたそうだ。

米軍が沖縄に侵攻するに当たり、沖縄の情報を米軍に教える役目を果たした。しかし、知人友人、親戚がいる故郷とも思える沖縄戦での、自分の米軍兵士としての葛藤を語っている。当時彼は日本人的な要素が普通の日系アメリカ人よりも強かったはずだから、より一層葛藤が強かったと思われる。

ジョージ・フジモリさんは、当時91歳。

父は喜劇王チャップリンの庭師として働いていたそうで、一度彼自身も父親とチャップリンの家にも行き、会ったという。また、雑誌のプレイボーイ創刊者・ヒュー・ハフナーの家の家具

ジョージ・フジモリさんと義理の息子で俳優のリチャード・ホーキンスさん

を作り、それなりにヒュー・ハフナーとも親しかったとも言っていた。

白人の義理の息子で俳優のリチャード・ホーキンスさんとの日系兵についての愉快な会話を映画の中では使用しているが、そこから米国人になりきれない日系アメリカ人の悲しさ・矛盾を、白人の義理の息子は語っていた。


ビクター・マツイさんは、当時88歳。

MISの後、戦後はGHQのG2のキャノン機関にスカウトされ、裏の仕事的なことも随分とさせられたようだ。

カンボジアのシアヌーク殿下の暗殺未遂にも関係していると一部ではいわれている。また戦後の国鉄総裁・下山氏を暗殺した黒幕だともいわれているので、その点は映画の中でもストレー

ビクター・マツイさん

トにお聞きしたが、
「GHQがそのようなことをするメリットはまったくないからあり得ないです」と、普通に語り、特別な感情の揺れなどは認められなかった。そういう黒い噂が出るのもキャノン機関に所属していたからだと思うが、本人は至ってジェントル（紳士的）な方だった。

この下山事件については、知人の作家の柴田哲孝さんが『下山事件：最後の証言』という日本冒険小説協会大賞、日本推理作家協会賞をW受賞したノンフィクションを書いている。彼とも親しかったので映画化について、一時真剣に考慮したけれど、やはり昭和20年代ということもあり、再現していくとなると予算がかかり過ぎるので諦めたということもあった。

岩崎邸（重要文化財）

彼の祖父がこの下山事件の真犯人ではないかという疑念から発して、その背景を含めて描いたこの作品は、なかなか見るべき点の多い作品である。

ちなみに、このキャノン機関が置かれたのが上野池之端の三菱の創始者・岩崎彌太郎の長男・岩崎久彌氏の旧邸で、その大邸宅をGHQのG2の一機関・キャノン機関が接収して本部にした。

そのような大邸宅を一機関の本部にしたのもやや不自然な気がするが、現在は東京都の公園となり、その建物は重要文化財として一般にも公開されている。しかし、自分が撮影の依頼をすると、「戦後のすぐのキャノン機関について映画に描くのに、この建物を撮影してもらうのはご遠慮願います」と断られてしまった。日本ではキャノン機関というと、割とネガティブな印象を与えるので、拒否されたようだった。その時は、東京都という

ハリー・フクハラさん

公的な組織が歴史を隠すのもどうかと思ったが、まあ仕方ない……。

ハリー・フクハラさんは、当時91歳。MISを扱う作品の情報には、その代表的な人物として必ず出てくる方だった。しかし、正直なところ、取材時にはかなり弱っておられた。でも惜しみなく協力をしていただけた。

広島出身で、広島にいた兄弟や母は原爆に被爆している。また、弟たちは日本軍に入り、兄弟で敵味方に分かれて戦っている。まさにMISの人として、多くの矛盾を抱え込んで生きてこられた方であった。

ハーバート・ヤナムラさんは、当時87歳。

取材時はハワイのハーバートさんのご自宅ま

ハーバート・ヤナムラさん

で、娘さんがスタッフ分の沢山のサンドイッチを用意してやって来て、コーヒーなどと一緒に出して下さった。本来ならこちらがすべきことをしていただいてスタッフ一同感謝に大喜びだった。

また、この映画が東京国際映画祭に招待されて上映後に舞台挨拶をする時に、わざわざハワイから来日していただき、一緒にトークショーをしている。本当に温かい人柄の方だった。

MISの学校に入った時、彼の中学の時の先生・ヒラタ氏が同じ学校の生徒として入学し、同じクラスになっているのに驚いたそうで、「ヒラタ先生！」と、呼びかけると、ヒラタ先生は自分（ヤナムラさん）を外に連れ出して、

「これから自分を先生と呼ぶのはやめるように」と言ったというエピソードを語っている。つまり戦争の勃発で、先生と生徒の関係が消え、同級生になってしまっ

たということで、人生が色々と変わってしまった日系人のエピソードを語ってくれた。

ドン・オカさんは、当時91歳。

同じＭＩＳの元兵士だったお兄さんのイサオ・オカさん95歳も一緒に取材撮影させていただいた。

「自分が必死になって翻訳した日本の情報が、日本軍への攻撃ではなく、日本人を沢山殺した東京大空襲に使われたのを知って、本当に戦争というものが嫌になった」と述懐しておられた。

ちなみにドンさんは、文化勲章受賞者の日本文学研究者ドナルド・キーンさんと親しかったそうだ。一度、クルーズ船・飛鳥2での旅で、ドナルド・キーンさんと僕が一緒に乗っている時に、キーンさんがロサンゼルスで降りてドンさんにこれから会いに行くと言っていたのが思い出される。

その時僕とドナルドさんは、クルーズ船に無料で乗船させてもらう代わりに、僕は自身の日系三部作映画の上映を船内の劇場で簡単な講演とともにして、彼は彼の義理の息子さん・キーン誠己さんが語り演奏する浄瑠璃三味線について簡単な解説をするということで、世界一周クルーズ船のその一部地区でのエンタメ要員として偶然乗り合わせていたのだった。

ドナルド・キーンさんは戦時中、陸軍のＭＩＳではなく米軍の海軍情報部として日本との戦

ドン・オカさん

いを海軍の立場から情報収集していた方であり、それがその後の日本文化研究に繋がっている。

特にドナルドさんは、日本軍兵士が詳細な日記をつけて、そこには戦術を含め、戦闘の詳細が書かれているので、それが戦争時には大変役に立った、と語っていた。

米軍は日記に「戦闘については書いてはいけない」と禁じ、戦争関連の情報が漏れるのを恐れていたが、日本軍はまったくそうしたことは気にせず、兵士たちは詳細な戦闘などの記録を日記帳につけていたそうだ。それらを戦場で拾ったり、捕虜となった日本兵から獲得すると、それを情報部が読み、次の戦闘に活用していたという。

ドナルド・キーンさんは、こうしたこともきっかけになって、日本の古典文学で世界文学の中でも特別な地位を占めている日記文学に特別に興味を強く覚える

ヒトシ・サメシマさん

ようになったそうだ。

オカ兄弟のドンさんは、1944年クリスマスの日に偶然サイパン島付近で米軍が日本軍の飛行機を撃ち落としたのを目撃したが、その飛行機には、日本軍人となっていた弟のタケオさんが乗っていて、それで戦死したのを後になって知ったそうだ。まさに帰米した兄弟が日米に分かれて戦い合う悲劇を目の前で体験した方だった。

彼はその後、日本に行った時には靖国神社に弟を弔うためにお参りに行ったという。

ヒトシ・サメシマさん、当時90歳。

この映画の取材時より数年前、ロサンゼルスのリトル東京にある全米日系アメリカ人博物館の案内をボランティアとしてされている時に、偶然自分の係となっ

ジョージ・アリヨシさん

ていろいろとお話を聞かせてくださった。まさに日系アメリカ人が日米戦争の時、日米のその狭間で矛盾を背負いながら生きてこなければならなかったことを教えていただいた方だった。

捕虜の尋問で闘争的な捕虜となった日本兵の心を安らかにするために、日本語で流行歌の「二人は若い」を歌ったという。

映画の中でその歌を歌い終えると、照れくさそうに大きく笑った。彼の人柄のやさしさを表しているカットだとつくづく思う。

この撮影時にはＭＩＳのＯＢ会の代表を務めていた。

ジョージ・アリヨシさん85歳。

ハワイ州知事を3期務めたハワイの日系人の代表的な方の一人である。

彼は、日本人の誰もが戦後の日本の極端な貧しさの中にいる時に日本にやって来た。

その時体験したエピソードとして、米軍兵士であるアリヨシさんから食べ物をもらった少年が自分で食べないで、幼い妹のために持ち帰るというのを聞いて驚くと同時に、どん底に陥っている日本で、妹思いの幼い日本人から日本人の美点を見つけた、と語ってくれた。


ノーマン・ミネタさん80歳。

元商務大臣などアメリカ政府の閣僚職を務めた日系人は彼だけである。気さくな方で、一度カラオケにもご一緒している。

ノーマンさんは、マッカーサーが来日した時に、マッカーサーを嫌うアメリカ海兵隊員たちが、「臆病者マッカーサー！」と批判するチラシを撒いたり、ポスターを貼ったりした、と語っている。

戦後にマッカーサーが絶対と思われていた日本人には、信じられない言葉だったと思われるが、そこがアメリカのアメリカらしい良さだとも思わせてくれた。彼のお兄さんはＭＩＳとして日本に来ていたが、彼はその時はまだ若く、戦争に参加したのは、朝鮮戦争だったそうだ。ちなみに、その反マッカーサー将軍のチラシやビラは必死になって米軍が回収してまわったという。

その当時、皆さんは80代後半や90代とかなりの高齢者であったが、驚くほど元気に語ってくれた。

ノーマン・ミネタさん

頭脳もシャープだったのも凄かった。

一人ひとりのエピソードを書き始めると、沢山の日系人にインタビューをして、面白い話を聞かせていただいているので、あまりに長くなるので、これくらいにさせてもらおうと思う。

ちなみに、映画の中では皆さんよどみもなく語られているように見えるが、実際は考えながら話したり、多少の言いよどみがなかったわけではない。2台のカメラを同時に回しているので、編集でそれらの空白や言いよどみは、カットして別のアングルのカメラに変えることで、それらの部分は省略できるのでスムーズに語っているように見える。一台のカメラでそれをすると、途中でそれらの空白や言いよどみなどをカットしたというのが観客にもわかってくるし、カットが飛んだように見えるのでやや見にくい。アングルを変えた2台のカメラを同時に回してうまく編集すると、それらの欠点は完全にカバーできるのでお客さんには見やすくなるし、これらの老齢の方たちへのインタビューもスムーズに見えてくるのだ。

秘密尋問所トレイシー

カリフォルニアの北東部バイロン・ホットスプリングスという人里離れた場所に、暗号名でトレイシーと呼ばれる秘密の尋問所があった。

日本の軍律では、「捕虜は恥であり、捕虜になるよりは死ね」という東條英機が唱えた戦陣訓が日本軍に行き渡っており、生きたままの捕虜を捕らえることが難しかっただけでなく、尋問して彼らから日本軍の情報を聞き取るのはもっと困難だった。そうした状況では軍人を捕虜にするのは難しく、負傷して捕えられた捕虜などがその中心だった。そこで当時、ここに秘密の捕虜尋問所を作って、２人一部屋に日本軍捕虜を閉じ込めた。尋問を終えて部屋に戻った時に、同室者とは当然尋問の内容の話になるだろう、そして彼らが米軍の前では話せなかった事項を同室の日本人には喋るのに違いなかった。彼らが話す会話を隠しマイクで盗聴し、軍の情報を密かに聞き取ることをここで行なっていた。

つまり捕虜の扱いを定めたジュネーブ条約違反を密かに行なっていた特別な場所だった。そして

トレイシー秘密訊問所跡

その日本軍人たちの会話を盗聴していたのが、日本に滞在経験の豊富な白人たちや帰米を中心とした日本語の得意な日系人たちだった。

また和食を料理する日系の料理人を連れて来て日本人捕虜に和食を与えると日本兵の心が緩んで話をするようになったともいわれている。食は人間の根源であるだけに、そこをおさえるのも情報戦の一端だということである。

ちなみにここトレイシーには、情報を得られそうな価値ある捕虜を選別し、２５００人近くの日本軍捕虜が連れてこられたそうだ。

アメリカ軍の情報の重要性をよく知った戦略で、これも、日本軍はひじょうに立ち遅れていた。

ここにも撮影のために訪れているが、本当に人里離れた場所で、秘密の行為を行なうにはもってこいの場所だと思えた。

中田整一さんという元NHKの方も、『トレイシー　日本兵捕虜秘密尋問所』（講談社刊）という本で、詳しくこの尋問所などについて書かれている。

二世と日本人の血

現代で二世といえば、タレント二世か政治家二世と思われるだろう。しかし、70～80年以上前には、二世といえば日系アメリカ人だった。1952年に占領軍が日本から撤退し日本の独立回復となったが、すぐに日系人二世がアメリカに戻るわけではないので、その後の数年間は日系アメリカ人がかなり全国の都市にいて、「ニセイ」としての存在感を見せていた。

独立回復の年1952年に生まれた自分も、子どもの頃には「ニセイ」という言葉はかなり普通に聞いていた記憶がある。数千人レベルの日系人二世が日本の各地にいたのだから、かなりの田舎の人以外の多くの日本人は、そうした日系アメリカ人を身近に見ていたはずである。

彼らは日本人と同じ顔や体型、雰囲気を持ち、一見日本人を思わせるが、実際は占領軍のアメリカ兵たちだったから、日本人に命令なども出しているわけで、普通の日本人からすると「偉そう」に見えたり、普通の日本人には嫌な存在であったり、生意気な存在に見えたかもしれない。しかし、これが日系兵ではなく白人米兵だったら、おそらく普通の日本人は当然に思っただろうから、日本人のある種の逆人種差別ともいえるかもしれない。

こうした日本とアメリカの橋渡しをした二世たちが、日本の復興に果たした役割は小さくないと前にも書いた。しかし、同時に彼らは表には出ない役割だったから、その中では裏にまわると見えてくる矛盾を一人で背負わねばならなかった。つまり、アメリカではアメリカ人になれない日系人一世に日本風に育てられ、しかし日本に留学して学校に入ると、どうしても振舞いは幼少時から育っているアメリカ風になってしまう彼ら二世は、日本では「アメリカ人」として差別され、アメリカでは「日本人」と差別される境遇にいたのだ。

戦前の貧しい日本から海外に次男以下を出して働かせたいという日本の国策的な面もあり、移民がかなりの人数で全世界に移住して行った。その移住先はやはり豊かな大国のアメリカが多かった。したがって太平洋戦争の頃には、一世の子ども達である二世が成人になろうとしている、あるいは成人を迎えていた人数はアメリカではかなり多かった。

彼らは日本とアメリカそれぞれの国で差別的な扱いを受けながら、両国の良さと悪さを実体験で学んで行った部分がある。だから二世は、こういう逆境の中のアメリカでもかなりの逞しさを見せて、自分の仕事の面でも活躍した人が多いと思うのだ。

たとえば、前にも名前を出したポール・テラサキさんやジョージ・アラタニさん、ダニエル・

イノウエさん、ノーマン・ミネタさん、ジョージ・アリヨシさんなどは、全米でも特筆に値する人間だった。

それが三世以下になってくると、そのスケールは小さくなって、そうした成功者は少なくなっている気がする。それは逆を言えば、日系人たちが受ける差別的なことが少なくなり、アメリカでも一般の国民としての扱いが増えて、あまり頑張らなくてもなんとかなる傾向が強まって来たのと並行していると思われる。

つまり三世、四世と続いて来た日系人は、ある面では日本人らしさではなく、普通のアメリカ人的になっていったともいえる。


しかし、日系人の「日本人の血」を感じさせてくれたイベントに参加して、大いに驚いたので、そのことにも触れておきたい。

それはロサンゼルスのリトル東京で毎年行なわれている紅白歌合戦でのことだ。われわれ夫婦は日本の芸能関係者ということで、渡米してすぐに審査員を頼まれてそのイベントに参加した。

1000人近くを収容するリトル東京の中心地に近い西本願寺の講堂に集まった一杯のお客さんの前で、日本語もまったく喋れない日系三世、四世が中心の歌手たちが歌うのは、アメリカ的な歌、つまりロック的なものが多いのかと勝手に想像していたのだが、彼らが歌うのはほとんどが演歌であった。

日本語も読めない彼らは、ローマ字で歌詞を覚え日本の演歌を歌うのだという。これは演歌が日本人の血を騒がせるものを持っているという証拠でもあり、三世、四世でもやはり血は日本から繋がっていると思わせてくれた出来事だった。

何年、いや何百年経ってもアメリカで黒人たちが歌うのはロックだったりブルース的な歌だったりと、黒人たちがアフリカで歌っていたのと近いものが出てくるのだ。つまり、歌というのはその民族の血とかなり関係が深いものだというのを、このリトル東京での紅白歌合戦では教えてもらった。

白人の護衛がついたＭＩＳ兵士

日系人陸軍情報部・ＭＩＳの兵士たちが、いろいろな部隊に配置された時、その多くは白人の護衛がついたという。それは実のところ、日系人がアメリカ軍から離脱して日本軍に走るのを防ぐために見張りとしてついていたともいわれる。

４４２連隊はヨーロッパ戦線だったから、そこにはいない日本軍に走って日本軍に入ることはあり得ないが、父祖の祖国が日本であり、日本軍と戦っているＭＩＳの兵士たちは、太平洋戦線には沢山いる日本軍に走り、敵の日本軍になってしまう可能性もあると考えた米軍の上層部の発想だった。

また、日本人と同じ顔なので、間違って米軍から射殺される可能性も高いから、隣に白人兵を置いて間違って射撃しないようにしたという。こうしたことは、彼らＭＩＳの日系兵も勘付いていただろうから、気分がいいとはいえなかったはずだ。

またＭＩＳの兵士たちは、ＭＩＳという部隊があったわけではないので、それぞれが別々の部隊に配属され、その部隊の中で諜報活動を中心とした独自の動きをしていた。だから、白人たちの部隊に所属することも多かったわけだ。だから日系兵のＭＩＳの同志との友達関係も案外少ないらしい。４４２連隊が華やかな活躍をして目立っただけに、同じ日系兵士といっても、秘密情報部員としてのＭＩＳの人たちはあまり目立たなかったのは仕方ない。

"MIS – Human Secret Weapon – "という題について

アメリカでこの映画を上映した時のタイトルは、"MIS – Human Secret Weapon – "だった。翻訳すれば、「陸軍秘密情報部　人間秘密兵器」とでもなるだろう。

このＭＩＳだが、アメリカの日系人には知られた存在だと思ってつけた題名だったが、何人かの日系アメリカ人に、「ＭＩＳって何ですか?」と聞かれて慌てた。やはり秘密情報機関だったＭＩＳは、その主たるメンバーだった日系アメリカ人の子孫でさえ秘密の期間が長かったから知られていないのだ。アメリカでは、やはり日系アメリカ人が主たる観客ターゲットだから、知られていないとなるとこの映画の動員は難しくなる。

『４４２〜』という題名は、ほとんどの日系アメリカ人が認識できる有名な日系部隊ということで、映画の評価も悪くなかったし、二度見る人も出るようなヒット作になった。だからその連続的な日系史映画ということで、動員はある程度は見込めると思っていたのだが、題名の意味すら不明なものを見に来る観客は、それ程多いとはいえないだろう。

この映画は、実際に全米でも大都市では西海岸で数カ所、東海岸でも数カ所の上映をし、もちろんハワイでも日系兵がヒーローの土地柄ゆえ上映している。しかし、どこでも期待した程度の動員はできなかった。それは、やはりタイトルの問題もあったのではないかと思われるのだ。内容がまったく想像できない題名だと、お客さんの心を摑むのは難しいということだ。

一方、日本での題名は原題であるアメリカのタイトル「MIS〜」は使わず、『二つの祖国で日系陸軍情報部』とした。『二つの祖国』という山崎豊子さんの小説が日系アメリカ人・日系部隊を扱った作品であり、この映画の日本の出資者が山崎豊子さん担当の新潮社の方と友人ということで、新潮社経由で映画のパブリシティーに著名作家の山崎豊子さんに協力してもらいたいと勝手に考えてつけたのだった。しかし、結局のところ山崎豊子さんの協力は得られなかった。

日本では前作の『442　日系部隊』の大ヒットで、次作の『二つの祖国で　日系陸軍情報部』はドキュメンタリー映画としては異例で、都内でも数カ所の劇場が開けてくれたし、全国の劇場でもその続編的な期待で上映してもらえたが、期待ほどの動員はできなかった。日米ともに映画の題名が如何に大事かを実感させられた。

一方、副題にしたHuman Secret Weapon（人間秘密兵器）は、実際にMISの日系兵たちにつけられたあだ名だそうで、映画的にはいろいろと想像させるものでとてもいいと思っているが、メインの題名が不明だとやはり副題だけが魅力的でも動員には結びつかないのだと思った。

しかし、この映画を見てもらえれば「人間秘密兵器」だったアメリカ軍の日系陸軍情報部によって、情報を重んじなかった日本軍がどれだけ痛い目に遭わされていたか、そして「いかに情報が大切なのか！」、どなたにでも自然にわかってもらえるのだが、とつくづく思う次第。

終章　日本人が知らないあれこれ

以下のそれぞれの項目は、前の3章とのつながりが少ないので、唐突な思いを感じられるかと思うが、日系人がらみで知ってもらいたいいろいろな項目もあるので、あえて雑多な日系人がらみの項目を終章とさせていただいた。

第64回海外日系人大会

２０２４年10月15日から３日間、海外の日系人と日本に住む関係者を集めて、海外日系人大会が開かれた。

僕も15日の交流パーティにはご招待を受けて参加した。公益財団法人の海外日系人協会が主催し、その日は海外20カ国から１７６人の日系人が集まったそうだ。その他、日系人が住む国々の駐日大使も何人も集まり、国会議員の方も何人か来られていた。皇室では秋篠宮ご夫妻が来られた。毎年、全国知事会が後援者となり、この年は村井嘉浩・宮城県知事が代表者だったので、秋篠宮ご夫妻をリードされていた。

海外に住む日系人にとって、日本の皇室はある種、日本を祖先とするという彼らのアイデンティティでもあって、日本に住む普通の日本人と比較にならないほど皇室を尊重しており、彼らにとっての皇室は大スターのような存在である。このあたりの感覚も、長く海外に住んだ者でないと理解されにくいかもしれない。彼ら日系人は、移住した国の人間となってはいるが、元は日本人の血が流れており、それを具体的な存在として意識できるのは、皇室なのだ。つまり彼ら日系人が世界から集まって意識する日本の祖先は、皇室なのである。海外日系人大会は、皇室抜きには開催不可能なほどなのだ。

逆にいうと、皇室にとって見ず知らずの世界から来た多くの日系人が、殿下ご夫妻に親しげに話しかけるのに対し、愛想良く対応するのも大変な「仕事」だと、近くで拝見していると実感してしまう。でもきちんと、それをされているのも凄いという以外に言葉はない。

だいぶ前になるが、その海外日系人大会が憲政記念館で開かれた時は、僕の日系映画三部作を1本にまとめた40分の中編映画を上映し、簡単な講演もして日本の国会議員や日系関係者などのゲストや海外からの日系人の方たちに見て、聞いてもらった。

この作品は、日米の高校生に第二次世界大戦ごろの日系アメリカ人の実情を知ってもらいたいと企画された非商業的な作品で、製作費と全国の高校への発送費は、すべて先に書いたがポール・テラサキさんが、出してくださった。

日系アメリカ人の歴史を知ってもらいたいと、アメリカでは1000校、日本では500校の高校を選び、完成したDVDを発送した。

日本の高校向けにデザインされたパッケージ

なぜ40分程度の中編にしたかというと、高校の授業時間は最低でも45分程度はあり、1時間の授業で見てもらえるからと考えたのだ。

しかし、完成直前の作品を、カリフォルニアの中学と高校の先生に見てもらい、改訂すべき点の確認をしてもらったところ、彼らが言うには、「現代の若者は、そんな長い映像は見ませんよ。昔はよくあった映画を生徒に見せるのも、生徒が興味を持たなくなって、ほぼ廃止しています。ＹｏｕＴｕｂｅなどの影響で、せいぜい生徒が我慢できるのは10分程度です」とのことだった。……イヤハヤ困った。

折角作ったのに、見てもらえないのでは意味がないが、３本合計で３００分以上ある作品を10分程度に縮めるのはとても無理がある。そこで再度考えたのは、３００分程度の映像を頑張って40分程度の作品にしたのだが、それを4つのパートに分け、一回につき10分程度の映像にすれば、生徒にも飽きずに見てもらえるだろうと思ったのだ。そこで再編集し、40分のDVDは、10分程度の4つの章で構成されたものにした。つまり4日間に分けて10分ずつでも見てもらえる構成にしたのである。もちろん4本続けて見てもらえれば、それに越したことはないが。

アメリカでの1000校への発送は、制作元であるUTBがしたが、日本での500校への発送はわが家の「奥様の榊原るみ・娘さんの松下恵」二人がやってくれた。もちろん、ボランティアで！

この本と同じ目的の映像を作って、見ていただきたいと思い、実行した次第！

世界の日系人への太平洋戦争の影響

太平洋戦争は、対戦国のアメリカだけではなく世界の日系人に大きな影響を与えた。たとえばアメリカの影響の強い南米のペルーでは、日系ペルー人はアメリカに送られ、日系アメリカ人強制収容所に入れられた。ペルーの国籍も失い、アメリカの国籍もないわけで、どこの国の人でもなくなってしまった。戦後、日系アメリカ人にはアメリカ政府からの正式謝罪と一人当たり2万ドルの慰謝料が支払われたが、日系ペルー人には、ほとんどなかったといっていいほどだ。

キューバでは、日系人の男のみが収容所に入れられ奥さんなどは夫と一緒には収容されず、前のままに居させられたままだったので、彼女らはどうやって食べて行くかということで、大変な苦労をしたと聞いている。

その他、アメリカの系列国家といってもいい南米や中南米の日系人は、同様の措置を受けざるを得なかった。

世界大戦ともなると、世界中の関係する人たちは、大変な苦労をしている。先にも書いたが、ブラジルでは、同じ日系人同士で「勝ち組」「負け組」の殺し合いさえ起こってしまった。これも太平洋戦争の影響によって引き起こされた事件だった。

アジアに目を向けるとフィリピンでも、同地に住んでいた日本人の子孫たちが現在、国籍を明快にできていないという事案がいくつもあるということがわかってきた。彼らも80代、90代と老齢で、早く解決しないといけない中で、関係者やボランティアの人たちが頑張っているのを知っている。日本人と現地フィリピン人との間に生まれた日系フィリピン人。戦争の影響で敗戦国の日本人が悪者に扱われ、それを避けるために僻地に逃れた日本人は、自分の子どもの戸籍登録などもしていないケースなどが見つかったのだ。

元年者の碑

また中国では戦争で帰国できなかった日本人の残留孤児・残留日本人がかなりの人数で見られ、その後、日本への帰国問題などで注目された。

戦争によってひき起こされた悲劇は決して少なくはない。

元年者

移住の起源を辿れば１８６８年、明治元年にハワイに初めて１５０人以上の集団で移住した人たちがいる。彼らを明治元年にちなんで「元年者」という。実際は１８６８年の日本出発であり、明治元年になる直前の江戸時代だった。彼らは、かなりひどい労働条件で働かされいろいろなトラブルに巻き込まれたそうだ。

それと同様に明治になりたての時期にカリ

おけいの墓

フォルニア北部に移住したのが会津藩の人達・まだ若い16歳の女性「おけい」を含め20数名だ。米国本土に現存する「おけいの墓」が偶然発見されて彼らの存在が明らかになった。

彼らは会津若松の若松の名を取って「ワカマツコロニー」と名付けた農場を皆で開発しようとしたが失敗し、少女おけいは現地のアメリカ人の家に住み込みの労働者として雇われたが、3年後の1871年に死亡し、現地で葬られた。彼女の墓がカリフォルニアにある。それと似た形で、故郷・会津若松を見下ろす山の上にも最近彼女の墓が作られた。

彼らはやはり、現在の移住事情でも共通している貧しさや差別から逃れるために、見知らぬ異国に移住していったのだ。特に戊辰戦争や会津戦争で幕府側だった会津の人たちは、明治政府から徹底的なイジメにあったから、日本にはいづらかった。

一度、長州（山口県）の萩市が、いつまでも敵対関係でいるのも良くないと、会津若松市に姉妹都市の提携を申し込んだそうだが、会津の人たちの恨みは深く、それを拒否したという。150年以上前の出来事もまだ現代に繋がっているという「歴史の重み」を感じさせる逸話だ。


これとは逆に「歴史の偶然」というべきか、あるいは150年以上も前の「歴史の対立」を溶かす意図があったかは不明だが、もう一つ、面白いという言い方はよろしくないかもしれないが、語っておきたいことがある。

徳川家やそれを支持する会津藩など江戸幕府側と、薩長を中心とした明治新政府・天皇側の対立が、まだ続いているエピソードを語ったばかりだが、その逆にその対立を溶かす、いい逸話である。

現在の天皇陛下の奥様である皇后雅子さまの本籍地だったのは、新潟県の村上市だった。その地は、江戸時代は村上藩で、江戸末期の幕府側と薩長側の対立時には、新潟や東北の各地の多くの藩が反薩長（明治新政府）側だったのと同じ、幕府側だった。

皇后雅子さまのご先祖は村上藩士だったそうで、結婚なさるまでは、雅子さまの本籍地は反明治政府側の村上市にあった。

また、天皇陛下の弟ぎみである秋篠宮親王の奥様、紀子さまの祖先は明治新政府の最大の敵対者である会津藩士だったそうである。

つまり、昔の敵と仲良くなろうと皇室関係者は奥深く日本のことを考えておられるのか……とも思わせられる。「現代の話で直接的な敵対者同士ではないが、そうした双方のＶＩＰが御夫婦になる」という日本の融和のためには有意義なことをされた事実も、書いておきたい。意図したか偶然かは別にして、悪くない（面白い⁉）逸話だと思う次第！

現在のアメリカの日系人・日本人

日本がバブルの頃、アメリカの不動産をいろいろと買い、アメリカの顔ともいえる映画会社・コロンビアピクチャーズやユニバーサル映画などのメジャー映画スタジオを買い、その当時の日本の存在感は良い悪いはあったにしても凄いものがあった。また永住権をもらってロサンゼルスに住んでいた時も、まだそれなりの存在感はあった。しかし、われら夫婦が永住権を返上し、日本に帰国する頃から、どんどん日本と日系人の存在感は薄れていった。

まず世界的な大企業のトヨタ自動車が、南カリフォルニアから撤退し、テキサスに移ったので、カリフォルニアでトヨタ本体やその関連会社を相手にしている数々の会社やお店も悲鳴をあげた。それにともない、日系企業の日本への撤退や、アメリカ国内でも税金の安い州などへの移転も相次いで、どんどんカリフォルニアから日系企業は少なくなっていった。

そして前にも書いたように、ビジネス面での日系アメリカ人のパワーも落ちてきて、日系人の街であったロサンゼルスのリトル東京では、お店は和食の構えをしているし寿司屋さんも少なくはないが、じつは韓国系や中華系のオーナーのお店が多くなってしまった。つまりリトル東京という名前のチャイナタウンだったり、コリアタウンだったりするというのが実態である。韓国系と知らずに元は日系の寿司屋に入ると、キムチが出てくるので、すぐに韓国系のオーナーに買い取られたな、とわかる実体験がある。

ダニエル・イノウエさんなどの日系の大物議員やポール・テラサキさんなどのリーダー的な人たちも亡くなっていったし、ビジネスで活躍する日系人もあまり聞かなくなった。日本の経済力が沈み出していた時期とまったく比例するように、カリフォルニアの日系社会も影が薄くなってきているのが現在の状況だと思える。ある面では悲しい現実だといわざるを得ない。

今後、日系社会はどうなるのか、と考えてみよう。

アメリカ社会では差別はよくないという意識がどんどん厳しくなってきているし、間違いなく差別は少なくなっている。が、アメリカから差別がなくなることはあり得ないと思う。差別は少なくなっているのは間違いないが、人間の悲しさ……差別というものが消えることはないだろう。特に沢山の異人種が住んでいるアメリカでは、逆にどこかしら異人種を差別しないと、自分の意識が薄れてしまうので、完全には消えないと思うのだ。

しかし、実際に日系人に対しては昔と比べれば差別はないに等しいといえるので、昔の理不尽な差別による日系人の苦労はかなりなくなっているといえる。それによって、日系人としての自意識も薄れていき、異人種との結婚もどんどん増えている。つまり、日系という意識は日系社会自体から減っているともいえるので、良い面もあるにはあるが、残念ながら日系社会はどんどん消えていかざるを得ないだろう。つまり、一般論でいえばどの民族の特色も薄くなっていくのが時代の趨勢だと思うのだ。

民族の対立という視点でアメリカを考えた時、思い出されるのが、30年以上前に住んでいたニューヨークの、親しくなった元刑事でその時は私立探偵をしていた日系人の言葉だ。

「アメリカという国は、州が集まってできた『合州国』ではなくて、いろいろな人種・民衆が集まってできた『合衆国』です。そしてそれぞれの人種が自分たちを守るために固まる。たとえば一番差別されてきたユダヤ人は、彼らの立場を守るために弁護士や政治家あるいはエンタメ業界に入って、固まってユダヤ社会を守ってきた。アイリッシュもかなりの差別を受けてきたので、多くは警察官になって自分たちの立場を守ってきた。こうした人種ごとの塊が国を作っているのがアメリカなんです」と、彼は言っていた。

なるほど、と思わせる言葉だったが、現在はその事情もいささか違ってきていると思われる。

少し前に書いたように、人種間の差別が減るという良いことが逆に人種の結束を緩めて、自分の固有の人種のアイデンティティはどんどん減っているのだ。つまり、日本人・日系人たちのアイデンティティも減っているのだ。まさにGHQが日本に仕掛けた日本人の人種・民族意識をどんどん減らしていくのと近い状況が、日本だけではなくアメリカをはじめとして世界中で起きているといえるだろう。

いわゆるグローバリストとナショナリストの問題が、最近多く口にのぼるようになっていると思う。グローバリストとは人種・民族意識をあまり意識させないようになっている現代という時代に、狭い人種とか民族ではない人類規模でモノを考えようとする地球規模（グローバル）な発想だ。一方、ナショナリスト的な発想といえば、自分の固有の国とか人種・民族を大事にして、その固有性を維持し、キチンと伝えていこうというグローバルとは反対の発想だ。アメリカ大統領に当選したトランプは、アメリカファーストを唱えるナショナリストなのだろう。

ビジネスの観点からいえば、グローバルなほうが面倒も少なくて商売になりやすいからグローバリストになるビジネスマンは多い。一方、ナショナリストはグローバルにビジネスをされると、その国や人種などの個性が消えてしまうからそうしたビジネスには反対の姿勢を取るだろう。しかしもちろん、自分の国では十分にビジネスが回るようにある面では、世界を跨ぎながら商売をする。

現代はまさにこうした相反する発想が対立しているのが明快に見えるようになって来た時代といえるだろう。

個人的な意見を言わせてもらうなら、どちらもある面では大事なことだとも思うので、なるべく対立までいかずに両方の良い面を取り入れるという姿勢が大事だと思うのだ。それは簡単ではないし、曖昧な意見のようでもあるが、仕方ない……、それ以外に言いようはないのではないか。

日本人移民とアメリカ

国連の統計によると世界で一番移民を送り出している国はインドだそうだ。2020年時点で1800万人弱を世界に送り出している。ちなみに2位はメキシコで約1200万人、3位はロシアで1100万人弱、4位は中国で約1050万人となる。そして移民の最大の受け入れ国はアメリカである。

移民をする理由は、前にも書いたが貧しさや差別から逃れ、新天地で人生を前に進めたいという発想、受け入れる側では、移民を自国の発展に協力させたいという発想が強く、また移民を受け入れる国の人口が、国土の大きさに比べて少ないので、まだまだ人が住む余裕がある国となる。

ハワイを含めた北米アメリカが、現在でも世界からの移民の受け入れ国として最大なのは前に書いた通りだが、日本からの移民者の元祖である元年者のようにかつては日本人の移住先の中心がアメリカだった。そしてアメリカが1924年排日移民法を成立させると、移住できなくなって、日本人の移住先は南米・中南米が中心になっていった。

「排日移民法」というのは正確な名ではなく日本向けの翻訳で、じつはアジア一般、あるいは東欧諸国も含まれたものだったそうだ。ただ、急速に力を付け、日露戦争に勝利した日本が仮想敵国になり得るとの思いがアメリカの指導層に行きわたっていったので、その真意は排日であったともいえるだろう。

現代の日本人の海外に移住しようという意識はかなり薄い。海外に雄飛しようという発想が薄れているだけでなく、無理して外国語を喋るのも面倒だし、日本の食事は美味しいし、日本にいれば貧しくても何とかなるから海外に出る必要はないと、ある面保守的になっていると思う。良いような悪いような状況だといえる。つまり海外に出なければ生きていけない差し迫った状況はなく、現状でもOKということだ。

しかし、海外に出ることで現状の日本や日本人、そして自分が客観的にわかってくるのも間違いないので、元海外移住者の自分としては、多くの人に一度は海外に住んでみることを是非お勧めしたいと思っている。

2018年に作った映画で、日米両国で上映した『アラフォーの挑戦　アメリカへ』という娘・松下恵のアメリカ短期留学を追ったドキュメンタリー映画は、まさにもう若くはないアラフォーの女性が、現状に満足せず、海外に出ることでいろいろと世間や自分が見えてくる、そうした様を描いた映画だった。若くもない女性がアメリカ留学で人生に挑戦していこうという姿勢は、前向きで悪くないと思うのだ。

戦後80年、ある面ではアメリカに守られて平和に暮らしてきた幸運が、われわれの日本にはあった。逆にいうと、アメリカのある種の属国であり植民地的な地位に甘んじることで、幸運にも平和に豊かに暮らしてくることができた、ともいえるだろう。だからある面ではラッキーであり、ある面では悲しくもあるという事実は両面見る必要はあるのだが、多くの日本人はその現実を直視していない、あるいはその能力を欠いている、あるいは、見ようとあえてせずに避けて暮らしているともいえる気がするのだ。今まで書き連ねてきた日系アメリカ人は、ある面では「じかに」それに接して生きてこざるを得なかった人たちともいえる。彼らの歴史、生き様を知ることは、現代の日本に住むわれらにもプラスになると確信する。

アメリカという国は世界のリーダーであり、世界の政治や経済に影響を与える超大国ではあるが、同時に建国以来、ずっと世界で戦争を繰り広げてきた国でもある。つまり自国の繁栄のために多くの国の人たちを泣かせてきた国でもある。そして第二次世界大戦においては、日系アメリカ人が日米の間にあって苦労し、泣いてきた。

逆に日本の立場でいうと、アメリカのペリー提督によって強制的に鎖国を解かれ、世界の荒波に乗り出さざるを得なくなった。その後、ほぼアメリカと一心同体のイギリスと、第二次世界大戦の前までは良い関係だったから世界の潮流に逆らわずにくることができたが、中途半端に世界の5大国に入ってしまい、太平洋を挟んで向かい合っているアメリカと敵対的関係にならざるを得なくなった。そして、とうとうアメリカと戦争までいって、結局1945年、日本は敗れ、占領された。その7年後の1952年に米軍中心のGHQ占領軍は引き上げて、表面的には日本は独立国にはなったけれど、じっくり見れば、悲しいことにアメリカの植民地的な国であると思う。

半ば偶然のように、アメリカに移住し、ことによるとアメリカ国籍を取っていたかもしれない自分の身から、これらを考えた次第である。

世界最強で豊かな国のアメリカとはうまく付き合っていくのが大事なのは世界のどの国も同

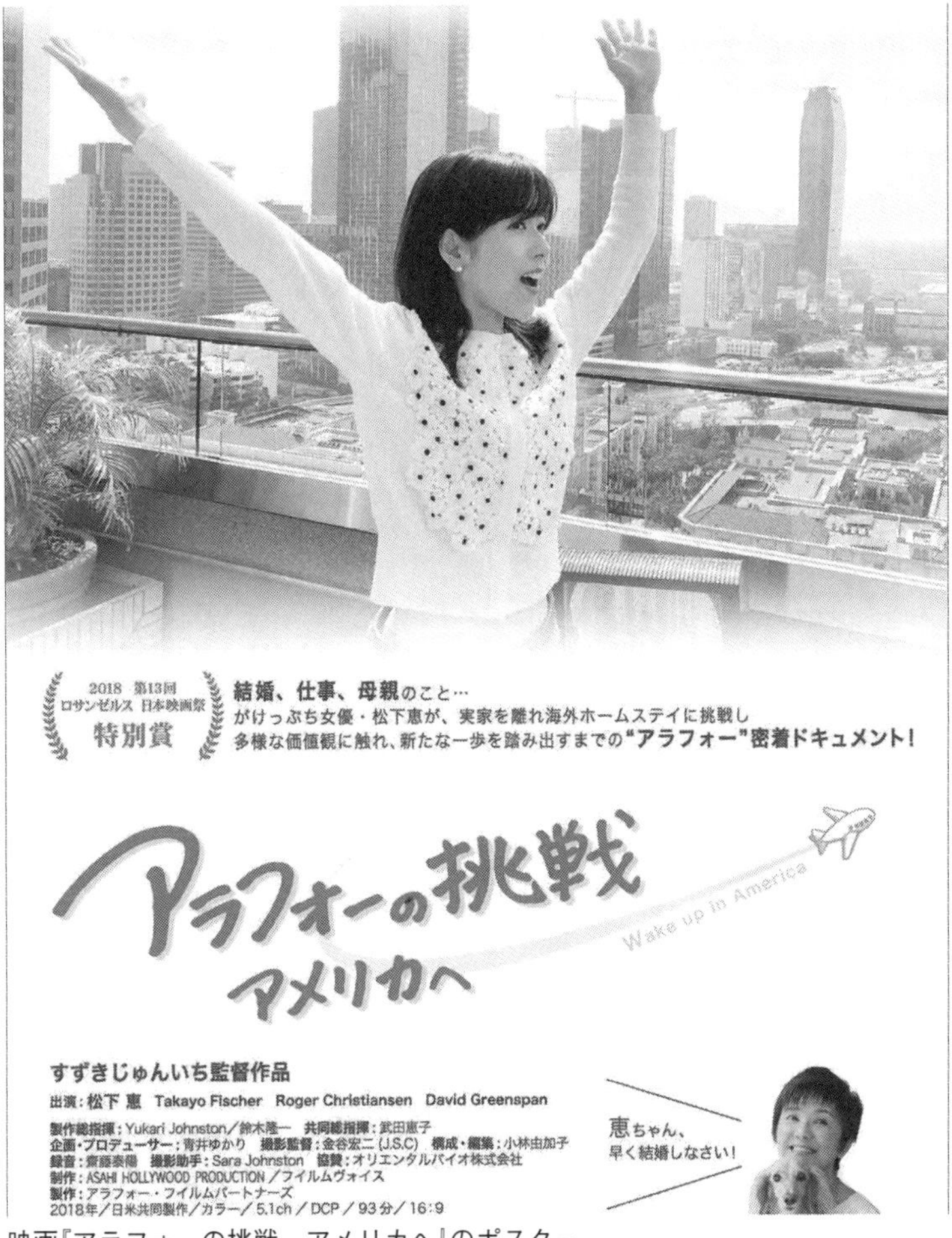

映画『アラフォーの挑戦　アメリカへ』のポスター

じことだと思う。しかし、アメリカの横暴があれば、それを指摘していくことも大事だと思う。単なる「植民地」であってはならない。しかし、同時に気をつけねばならないのは、いくら立派な本当のことをいっても、あちらアメリカが自国のデメリットが見えることはアメリカによって潰されるのは、日本の今までの政治を見ていると歴史が語っている。

そこが本当に難しいことだとは思うが、それを何とかしていくのが、今後の日本の政治家、そしてわれわれに求められることだと思うのだ。

新トランプ時代

不法移民が毎年のように年間およそ200万人以上入国し問題になっている現在のアメリカ。つい最近の大統領選で、アメリカの大統領に共和党のドナルド・トランプが選ばれた。彼は不法移民に対して厳しく臨むことを一貫して唱えてきた。一方、敗れた民主党カマラ・ハリスは、バイデン政権の移民担当の副大統領として、不法移民に対して責任者でもあったから、その甘い対処に対して批判票が出て、トランプに票が流れたともいわれている。移民問題は、じつは大統領選挙でも一番のテーマでもあったのだ。

不法にでもアメリカに移住したい人は沢山いるし、あの手この手で、不法移民に限らずアメリカ在住の外国人たちが何とか永住権を取りたいと努力しているのを、長くアメリカに住んでいたので、よく知っている。子どもを現地アメリカで産めば子どもはアメリカ国民になるので、その親も親子の関係で不法ではなく住んでいられるのがアメリカの法律だ。

それを規制しようとしているのが、トランプだ。

アメリカの合法移民の数は、毎年約100万人。それに対し、近年のバイデン政権下では2倍以上、つまり200万人以上の不法移民が入国しているそうだ。

彼ら不法移民のお陰で、アメリカ経済が回っているという点もあるので、話は簡単ではない。つまり、農業などを含めてどの産業でも、安い労働者を使って利益を出すには、彼ら不法移民に安く仕事をさせるのが秘訣なのだ。本来なら労働ビザがないから働けない彼らだから、密かに働かせて賃金を与えるのも法律違反になる。それは雇用者も法律違反のリスクを犯していることにはなるが、利益を出すためには多少の違反も目をつぶる。不法移民の人たちは、賃金が安くても生きていくためには働く他ないから、雇用者にとっては彼らを安く雇えて利益を出すことが可能になる。

そうしたある種の裏の経済によって、アメリカ社会も回っている点があるのだ。ロサンゼルスやサンフランシスコ、ニューヨークなどのチャイナタウンの中華料理屋が、多くはかなり安価な料理を提供できているのはまさに不法移民の中国人たちが安いお金で働いているからだといわれているのも一例だ。

ではなぜ多くの人々が、危険を冒してまでアメリカに押し寄せるのか？　その主な理由は、母国での貧困、改善されない劣悪な治安や政治的不安から逃れるためだ。またそうした不法移民が後にアメリカで市民権を取り、ビジネスでも成功する可能性はまだあるのだ。つまりアメリカンドリームがあるのも事実なので、アメリカへの不法・合法を問わず移民は減らない。そして彼ら不法移民は難民申請する人も少なくないから、その手続きなどもアメリカでは時間とお金がかかる。

これは、日本でも難民関連の事件などが続き、問題になり始めているのと同じだ。つまり、こうした問題や社会の風潮なども、世界の筆頭にあるアメリカの後を追っているのは日本だけではなく、世界共通だと実感している。


トランプが取り締まりを強化する理由は、誰でもがわかりやすいお金の問題だ。不法移民にかかる米国内での費用が莫大で、不法移民の人数が増えれば納税者への負担額が今後もさらに増していく。そうした費用を減らしたいというのは一般市民にとっても同じで、トランプのある面では過激な反移民政策に共感させられるのだ。

国境管理が機能不全に陥るなか、共和党州知事が積極的な行動に打って出た。テキサス州のグレッグ・アボット知事や、フロリダ州のロン・デサンティス知事は、不法移民をニューヨークやワシントンDC、シカゴといった移民に寛容な政策を掲げる民主党が市長を務める「聖域都市」にバスで送り込んだ。

聖域都市は、国境州から送り込まれる不法移民の人々への対応に、すぐに限界を迎えた。早々に対策費用が底を突くと、民主党知事から連邦政府による支援を求める声が強まり、民主党支持者の間でも国境の厳格な取り締まりを求める声が強まっていった。人口約850万人のニューヨーク市には2022年春から23年末までに16万人以上の移民が流入。市は対策に今後3年間で120億ドル（約1兆8000万円）が必要だと算定しバイデン政権に支援を求めた。

市は移民の一時滞在先として、マンハッタンにある通常は1泊400ドル（約5～6万円）以上の四つ星ホテルの部屋を借り上げたりもした。人道的措置ともいえるが、これでは普通の市民感覚では、反移民になり、民主党支持から共和党のトランプ支持になるだろう。大統領選挙だけでなく、今回行なわれたアメリカの上院・下院議員選挙で、民主党が敗れ、すべて共和党が勝ったのは、現在のアメリカの移民に対してのアメリカ市民の不満の現れの一つだといえなくもないだろう。

日系人は概して民主党支持者が多かった。議員になった日系人もほぼ民主党員だ。昔はある種のマイノリティとして、あえていえば左寄りの民主党に支持層が重なったと思う。しかし、今回の大統領選挙を見ると、マイノリティの民族（黒人系やラテン系）も、当初の民主党支持からトランプの共和党支持に変わる人が増えてきている。

これは、やはり不法移民の急増によって、以前はマイノリティだった自分たちの地位も危ぶまれてきているのを感じて、不法移民を厳しく取り締まるトランプ側についたのではないかと思う次第だ。

一昔前のある面では長閑だった時代は終わってどんどん過激な競争社会に良くも悪くもなっているのが現代であり、元はビジネスマンであり、お金儲けを最初に考えるトランプがアメリカの大統領になるというのは、そうしたビジネス中心の社会になっている時代の流れだともいえる。

彼は政治の世界ではなく経済界から10年近く前に突然大統領選挙に立候補して当選してしまった。常識はずれの政策を連発し、世界を啞然とさせた。今度の大統領の任期でも世界的に、常識はずれの政策を取るのではないかと危惧され、一方、どんな奇想天外なことをするのかと期待されてもいる。さあ、どうなることやら……。そして日系人たちの行方は……？　ただ、彼の発想の原点はビジネスになるかどうか、簡単にいえば金になるか、損をするかの判断で政策を決めている点も多いと思うので、そこを押さえれば、案外新トランプの時代は難しく考えなくてもいいのかもしれない……。

驚天動地のおまけ

最後に驚天動地といってもいい写真をここに貼り付ける。

「なんだ、これは有名な戦後初めて天皇裕仁とマッカーサーが会見し、新聞などに発表された写真じゃないか、別に驚くこともない」と思われるかもしれない。確かに軍服でリラックスしたマッカーサー将軍の横で、モーニング姿で緊張感を窺わせる天皇陛下の写真が新聞に載ると、当時の日本人に大きな衝撃を与えた。つまり戦争に負けるまで天皇は日本にとっての神的な存在であり、絶対的存在だったのが、戦争に負けると大柄な米軍のマッカーサーに対し、ある面で小柄な陛下は「下に見える」感覚を国民は抱き、唖然としたはずなのだ。

「……でも、それは新聞にも載った誰もが知る写真じゃないか」と、思われるかもしれない。しかし、気がついていただきたいのは、両者のサインがこの写真の下には書かれているのだ！

一方、新聞に発表された写真には、両者のサインはない！

同じ写真は4枚複製されて、天皇家1枚、マッカーサー1枚、撮影者1枚、そしてもう1枚がこの両者のサインが入った写真で、名前は忘れたけれど、米軍のＶＩＰが所有しており、数年前にアメリカでオークションに出したものを、ニューポートビーチにお住まいになる日本人

Hirohito
Signature of Emperor Hirohito

のお金持ちの方が買い取って、われわれに撮影時に見せてくださったものなのだ。

天皇陛下がこうしてサインをするのかとこの実物写真を見た時は大いに驚いたが、戦争に負けるというと、何でも戦勝国の言うことを聞かねばならないことを象徴しているのかと思った次第。

一般には、新聞に載ったサインのない写真しか知らない多くの人に、このサイン入りの写真を映画では、あえて使わせてもらったことを最後に追記したいと思う。

あとがき

今まで主に語って来たのは第二次世界大戦、とりわけ太平洋戦争の日米戦争とそれに関した日系アメリカ人の話だった。

「日」と「米」の戦争に限らず、戦争というもの自体を客観的に考えると、どちらが100%正しくて、反対側が100%悪だということはないというのが僕の考えだ。つまり、東京裁判などでは勝者と敗者では完全に善悪がついてしまい、日本側は「悪」アメリカ側は「善」となるのだが、本来そういうことはないと思っている。もちろんある部分では完全な善悪はあったとしても、俯瞰して見ると、どっちもどっちで、互いに「善」と「悪」のことをし合っているといえると思うのだ。

だから、ここまで書いて来たことも、100%の善悪では判断してこなかったつもりである。だから読者的に見ると歯切れが悪く感じられる部分もあったかもしれない。しかし、それはそういう思いが自分の心の根底にあったからだと考えてもらえれば有り難い。

だいぶ前、40年ほど前になるか、開高健さんの小説『夏の闇』を映画化しかかったことがある。開高健さんは、ほぼ同時期にノーベル賞をもらった大江健三郎さんと前後して芥川賞をもらい、ノーベル賞の候補にもなって大江さん同様の活躍していた素晴らしい作家であるが、現在ではあまり知られていないかもしれない。まだ彼の生きている頃だが、僕の故郷でもあり、また彼が当時住んでいた茅ヶ崎の家を訪問し、彼の小説『夏の闇』を自分なりに脚本化して持参し、映画化の権利をお願いした経緯があった。彼がそのシナリオを評価してくれたからかどうかは直接にお聞きしていないので不明だが、彼から映画化権を許可され譲渡してもらった。そして数年間、松竹をはじめとして各社で映画化しかかった経緯がある。その結果、その会社ごとに印刷したシナリオが4種類・4冊あり、その4種類のシナリオ本を10年ほど前に、現在は開高健記念館になっている彼の旧宅まで持参し寄贈している。

この『夏の闇』は、ベトナム戦争を取材に行く臨時記者の視点から描かれた小説で、開高さんのベトナム戦争の実体験を元に書かれている。その開高健を模した主人公の小説家の臨時記者は、自分がアメリカ側でもベトナム側でもない中間のところから戦争を見ざるを得なかったその立場を「視姦」という言葉で語っている。つまり自分が戦争をしている当事者ではなく、単なる間に立って視ている、それも「強姦」以上の「殺し合い」を「視ているだけ」の者の哀しみを描いた。

開高健さんは、ベ平連の創始者の一人としてベトナム戦争反対を唱え、ベトナムに侵攻するアメリカには本来批判的だったはずなのだが、アメリカ側の臨時記者として実際のベトナム戦争に参加してみると、アメリカ側の酷さもベトナム側の悲劇も沢山見てはいるが、それによって同時にベトナム側の酷さも見ざるを得なかった。たとえば幼児に見えるような無防備に見えるベトコンの少年が、その無防備さを武器に米軍に手酷い攻撃をしてしまう様を主人公の記者は見てしまう。戦争は綺麗事ではなく生きるか死ぬか、殺すか殺されるかの世界だから仕方ないともいえるが、中間に立って上からそれを見ていた主人公は、とてもやるせなかったと思う。

広島・長崎の原爆も非人間的な武器であるのは間違いないし、これが戦争犯罪ではないとは100%いえないと思うが、アメリカでは原爆によってその後の日米の戦闘による死者は大幅に減ったと言い募っている。東京大空襲で一般市民がたくさん殺された。これも東京裁判などでは問題にもされなかったが、普通に考えるなら戦争犯罪だと思う。

アメリカは、一般の人たちは敵兵でなくても武器・弾薬を作ったりする間接的な敵だと理由をつけて、これらの民衆への大規模な虐殺を正当化している。これらはまったくの言い訳でもあると思う。しかし東京裁判においては、そうした米軍の正当化によって、これらの原爆投下や大都市への空襲は戦争犯罪ではなく、正当な戦争行為だとの解釈をGHQ的にはしている。ただ彼らアメリカ側の理屈も、完全なる間違いとはいえないので、裁判でも彼ら戦勝国側の理屈が通ってしまったのは、悲しいかな仕方ないともいえる。

戦争とは極限すれば、敵の側の人間は、どんな人も間接的には自分たちを殺す何らかのことをしているのだから敵であり、自分たちを間接的には殺す人なのだ。

そうした実体験をベトナムでして、どちらの側でもない現場を見て報告するだけの記者として、中間の立場に立たざるを得なかった開高健にあたる小説の主人公の「視姦者の哀しみ」がテーマとなっていた。また、開高健さん自身、実際にベトコンに包囲されて死にかかった経験もあった。

主人公は自分がアメリカでもベトナムでも当事者になっていたら、これほど中間に立った視姦者として悩まず、敵を懸命に殺しただろう、その懸命に「殺し合って」生きているほうが「哀しい幸せかも……」という思いをそれとなく語っているのだ。ちなみに小説『夏の闇』の舞台はフランスやドイツであり、ベトナム時代の話は回想的に展開されるが、テーマはあくまでベトナム戦争での視姦者の哀しみだと思うのだ。

この「視姦者の哀しみ」というのは、とても自分には親近感があり、そういう視点で、この日系人と日米関係の本も書かざるを得なかったということで、本題のテーマとは離れるが、書かせてもらっている。簡単に白黒をつけていないように見えるかもしれない本書を読者がどう思われるか、ある面では不安と期待を込めて書き進めてきた。

カリフォルニアに丸11年間住み、そこで日系アメリカ人のいろいろな人たちと知り合った。そして3本の第二次大戦に関係する日系史映画を作った。映画はお金も時間もかかるので、とても一人では成り立たないが、沢山の人たちのおかげで成立し、完成させることができた。そこで知り合った日系アメリカ人から、日米関係をいろいろと示唆され、また直接教えていただいた。

そして、自分は彼ら日系人とは完全に違う日本人だと感じさせてもらった。

名前はここには多すぎて出せないが、それらの人たちには感謝するしかない。6年間で3本の日系史映画が完成され、公開されたことは自分で言うのも烏滸《おこ》がましいが、意義深いことだったと思う。

証言していただいた当時80代・90代の日系アメリカ人は、あの時に証言を取っておかなければ、今はほとんどがあの世にいるので、本人から語られる話は永遠に聞けなかっただろう。ラストチャンスで運よく完成できた仕事だったとつくづく思う。

これらのスタッフや出演者・関係者の皆さんには「本当にありがとう」と言いたい。また僕の奥さんであり女優・榊原るみには、「特別ありがとう」と言いたい。

最初の2本の映画では彼女は謙虚に「監督のアシスタント」（Assistant to Director）とクレ

ジットされたが、3本目の映画の時には、スタッフで一番の出世をして「監督の監督」(Director to Director)とクレジットタイトルが変わった。しかし、こんなクレジットタイトルは世の中ではおそらく長い映画の歴史でもなかったであろうと思う。

でもまあ、奥様は「監督の監督」であるのも間違いないから、お許しいただけるだろうとあえて(半ばシャレのつもりで)つけた次第です。

この3本の日系史映画では、奥様は毎日撮影にも編集にも一緒に僕と行動してくれた。

読者の皆さんが、楽しく読書できて、少しでも知らないことがこの本から知れたなら筆者として、最大の幸せです。

2024年11月吉日

すずきじゅんいち

著者……すずき じゅんいち

1952年、茅ケ崎市生まれ。1975年、東京大学文学部を卒業し日活撮影所に助監督として入社。29歳で監督昇進。1988年、『マリリンに逢いたい』興収23億円の大ヒット。1989年、『砂の上のロビンソン』アジアオセアニア映画祭受賞。1990年、ニューヨーク大学の大学院・映画学科客員研究員。プロデュース映画『IN THE SOUP』サンダンス映画祭グランプリ。1997年、『秋桜』アイディリーワイルド国際映画祭グランプリ。2008年、『東洋宮武が覗いた時代』は、文化庁芸術振興基金・国際交流基金助成作品。2010年、『442 日系部隊』日米の劇場で大ヒット、マウイ映画祭観客賞。2012年、『二つの祖国で』山路ふみ子賞、日本映画批評家大賞。11年間の滞米生活を終え帰国。2015年、『クロスロード』青年海外協力隊設立50周年記念劇映画、全国公開。2018年、『アラフォーの挑戦　アメリカへ』ロサンゼルス日本映画祭特別賞。

出版は、『東洋おじさんのカメラ』（小学館　2009年）、『1941　日系アメリカ人と大和魂』（文藝春秋　2012年）、映画のノベライズ本を、何冊か。

ウエブサイト　http://suzukijunichi.com

メールアドレス　suzuki11junichi@gmail.com

劇場用映画の監督作品は、今まで29本、劇場用映画の脚本担当17本。

DTP組版…………勝澤節子　協力…………田中はるか

装丁…………山田英春

ひき裂かれたヤマト魂
怒りと哀しみの日系442部隊

発行日❖2025年2月28日　初版第1刷

著者

すずき　じゅんいち

発行者

杉山尚次

発行所

株式会社言視舎

東京都千代田区富士見2-2-2 〒102-0071

電話03-3234-5997　FAX 03-3234-5957

https://www.s-pn.jp/

印刷・製本

中央精版印刷㈱

ISBN978-4-86565-289-5 C0036